a transformação já começou.

FTD educação

CB129829

iônica é o ambiente digital da **FTD Educação** que nasceu para conectar estudantes, famílias, professores e gestores em um só lugar.

uma plataforma repleta de recursos e facilidades, com navegação descomplicada e visualização adaptada para todos os tipos de tela: celulares, tablets e computadores.

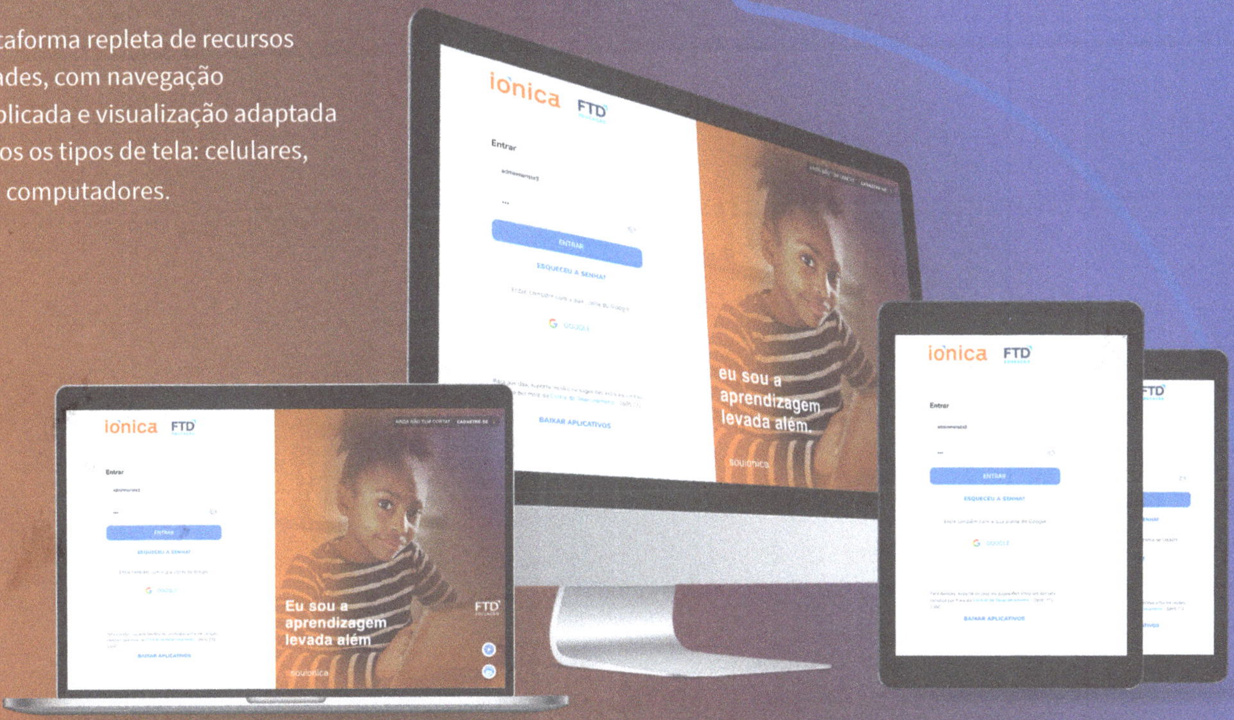

9399999000032

É MUITO FÁCIL **ACESSAR!**

8GFwmWv7W

936.033 9010103001062

1 escaneie o QR Code ao lado com a câmera do seu celular ou acesse souionica.com.br

2 insira seu usuário e sua senha. Caso não tenha, crie uma nova conta em Cadastre-se.

3 insira o código de acesso do seu livro.

4 encontre sua escola na lista e bons estudos!

iônica

VOLUME

7

Ensino Fundamental
Anos Finais

Diálogo inter-religioso

Heloisa Silva de Carvalho
Pedagoga com especialização em Ensino Religioso pela Pontifícia Universidade Católica de São Paulo (PUC-SP) e mestre em Bíblia pelo Centro Bíblico Verbo. Autora de livros didáticos e paradidáticos de Ensino Religioso, atua como professora, coordenadora e formadora de professores, ministrando cursos para educadores e para agentes da pastoral na área bíblica. É membro do Centro Bíblico Verbo.

Jorge Silvino da Cunha Neto
Graduado em Filosofia e Pedagogia, pós-graduado em Currículo e Prática Educativa pela Pontifícia Universidade Católica do Rio de Janeiro (PUC-RJ) e mestre em Ciência da Religião pela Pontifícia Universidade Católica de São Paulo (PUC-SP). Professor de Ensino Religioso, Filosofia e História no Ensino Fundamental, Ensino Médio e Ensino Superior em São Paulo, é também roteirista.

2ª edição
São Paulo – 2024

FTD

FTD

Diretor-geral
Ricardo Tavares de Oliveira
Diretora de inovação, plataformas e avaliação educacional
Ceciliany Alves Feitosa
Diretor de conteúdo e negócios
Cayube Galas
Diretora adjunta de soluções didáticas e suplementares
Ana Carolina Costa Lopes
Gerente de conteúdo
Luciana Leopoldino
Editoras
Luciana Pereira Azevedo, Myrian Kobayashi Yamamoto
Editora-assistente
Amanda Valentin
Coordenadora de produção editorial
Beatriz Mendes Yamazaki
Supervisora de revisão e qualidade
Giselle Bianca Mussi de Moura
Preparação e revisão
Bianca Oliveira, Caline Devèze
Supervisora de arte e *design*
Simone Oliveira Vieira
Editora de arte
Ingrid Velasques
Projeto gráfico e capa
Simone Oliveira Vieira
Diagramação
SG-Amarante
Licenciamento de imagens
Fabiana Manna da Silva
Analista de fluxo
Tayná Mendes da Silva
Supervisora de arquivos de segurança
Silvia Regina E. Almeida
Gerente de eficiência e *analytics*
Marcelo Henrique Ferreira Fontes
Diretor de operações e produção gráfica
Reginaldo Soares Damasceno

Colaboraram nesta edição:
Eneida Gordo e Layza Real (editoras-assistentes); Elen Doppenschmitt, Leandro Calbente e Priscila Malanconi Aguilar (colaboradores); Marcia Sato (iconografia e licenciamento de textos); Guilherme Henrique Nahes Alonso (tratamento de imagens); Denise Ceron e Vivian C. de Souza (revisoras); Patrícia Maeda (editora de arte).

A coleção **Diálogo Inter-religioso** é um Projeto Editorial elaborado em parceria entre a FTD Educação e a União Marista do Brasil e desenvolvido a partir do Projeto Educativo do Brasil Marista e das Matrizes Curriculares de Educação Básica – Ensino Religioso.

Dados Internacionais de Catalogação na Publicação (CIP)
(Câmara Brasileira do Livro, SP, Brasil)

Carvalho, Heloisa Silva de

Diálogo inter-religioso: volume 7 / Heloisa Silva de Carvalho, Jorge Silvino da Cunha Neto. – 2. ed. – São Paulo: FTD, 2024. (Coleção Diálogo inter-religioso)

ISBN 978-85-96-04193-5 (aluno)
ISBN 978-85-96-04194-2 (professor)

1. Ensino religioso (Ensino fundamental) I. Cunha Neto, Jorge Silvino da. II. Título. III. Série.

23-170797 CDD-372.84

Índice para catálogo sistemático:

1. Ensino religioso: Ensino fundamental 372.84
Cibele Maria Dias – Bibliotecária – CRB-8/9427

Envidamos nossos melhores esforços para localizar e indicar adequadamente os créditos dos textos e das imagens presentes nesta obra didática. No entanto, colocamo-nos à disposição para avaliação de eventuais irregularidades ou omissões de crédito e consequente correção nas próximas edições.
As imagens e os textos constantes nesta obra que, eventualmente, reproduzam algum tipo de material de publicidade ou propaganda, ou a ele façam alusão, são aplicados para fins didáticos e não representam recomendação ou incentivo ao consumo.

Produção gráfica
FTD educação | GRÁFICA & LOGÍSTICA
Avenida Antônio Bardella, 300 - 07220-020 GUARULHOS (SP)
Fone: (11) 3545-8600 e Fax: (11) 2412-5375
CNPJ: 61.186.490/0016-33

A - 935.860/24

Rua Rui Barbosa, 156 – Bela Vista – São Paulo – SP
CEP 01326-010 – Tel. 0800 772 2300
www.ftd.com.br
central.relacionamento@ftd.com.br

Apresentação

Você já parou para pensar por que é tão comum encontrarmos imagens religiosas em praças, morros e templos? Você já viu pessoas caminharem pelas ruas e avenidas expressando sua fé? Já se perguntou qual o significado de acender velas, fazer orações, cantar e se expressar de diferentes formas nos variados rituais que compõem a cultura e a religiosidade do nosso país?

Este livro traz textos, imagens e discussões que permitirão a você formular algumas respostas para esses questionamentos. Os primeiros sinais de produção cultural da humanidade têm aspectos religiosos, como é o caso das pinturas rupestres, das sepulturas nos vasos de argila, das pirâmides, das esculturas e dos templos antigos.

O ser humano se expressa até hoje por meio de símbolos que relacionam fenômenos da natureza e acontecimentos cotidianos a manifestações divinas. Muitos desses símbolos e imagens revelam nossa busca por respostas sobre a origem da vida, a morte e o que vem depois dela.

Neste livro, você vai refletir sobre as semelhanças e diferenças entre as diversas maneiras de expressar a fé nas diversas tradições religiosas. Vai conhecer um pouco do universo religioso do povo brasileiro e de outros povos: ritos, símbolos, festas, músicas, danças, vestimentas e alimentos sagrados. Vai aprofundar seus conhecimentos sobre a fé dos povos originários nascida nas florestas; a fé do povo africano e de seus descendentes que resistiu à escravização; a fé do povo europeu, que fez da sua crença a religião oficial de muitos países. Vai estudar outros povos que migraram para cá, trazendo suas culturas e tradições religiosas, muitas crenças e visões de mundo foram sincretizadas pelos brasileiros ao longo da história e conhecer esses hibridismos religiosos que ampliam nossa visão sobre o povo brasileiro e mesmo sobre o ser humano.

Este livro também vai ajudar você a compreender as manifestações religiosas em seus contextos culturais, históricos, políticos e sociais.

Vivencie essa experiência de aprendizado com sua turma, pois conhecer a diversidade religiosa e o direito de as pessoas expressarem a própria fé abre caminho para o respeito ao próximo e o desenvolvimento da cidadania e de uma sociedade mais justa, solidária e pacífica.

Olhamos para você e sonhamos com um mundo novo, onde a luta contra a discriminação, a desigualdade e a violência deve ser combatida com o diálogo e o conhecimento.

Com carinho,

Os autores

Conheça seu livro

Neste volume, você vai conhecer diferentes expressões religiosas e compreender importantes conceitos, como a liberdade e o fundamentalismo. Durante seus estudos, vai ser convidado a refletir sobre a formação da identidade, a alteridade e a relação entre religião e política. Antes de começar, veja como este livro está organizado.

ABERTURA DE UNIDADE

O livro se organiza em três unidades, cada uma com três capítulos. Um texto introdutório abre cada unidade e antecipa os principais conteúdos que serão estudados por você no decorrer dos capítulos. Vale a pena conferir!

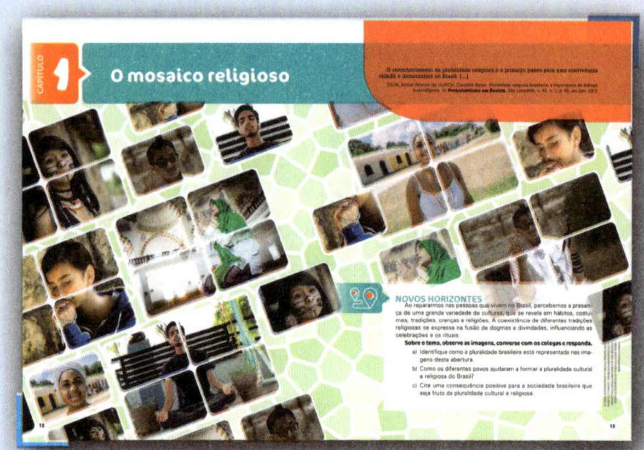

ABERTURA DE CAPÍTULO

Os estudos do tema do capítulo e a reflexão sobre o conteúdo se iniciam com a interpretação da imagem de abertura, feita por meio da leitura da epígrafe e das perguntas da seção **Novos horizontes**.

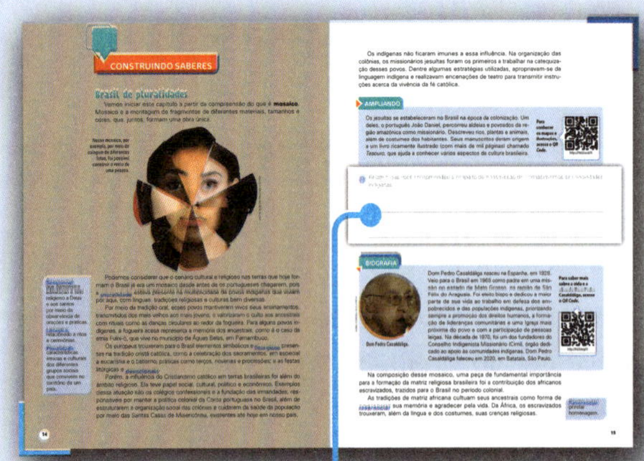

CONSTRUINDO SABERES

Espaço exclusivo do Ensino Religioso. É aqui que você vai estudar os principais conceitos dessa área do conhecimento, de modo a compreender, a interpretar e a ressignificar aspectos da religiosidade e do fenômeno religioso.

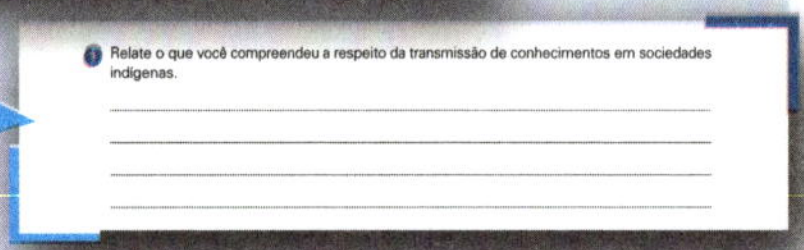

ATIVIDADES

Momento de praticar o que foi estudado na seção e refletir sobre o conteúdo.

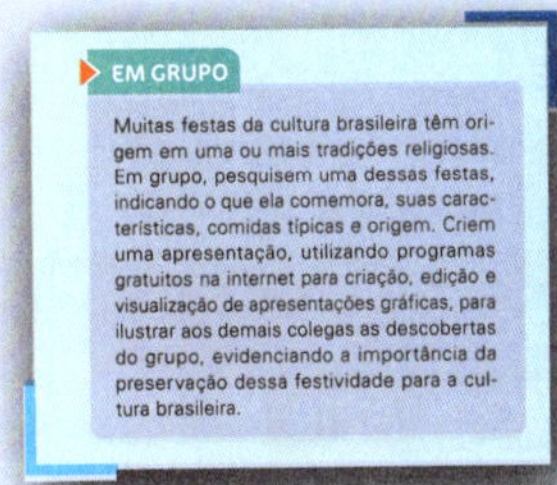

EM GRUPO

Muitas festas da cultura brasileira têm origem em uma ou mais tradições religiosas. Em grupo, pesquisem uma dessas festas, indicando o que ela comemora, suas características, comidas típicas e origem. Criem uma apresentação, utilizando programas gratuitos na internet para criação, edição e visualização de apresentações gráficas, para ilustrar aos demais colegas as descobertas do grupo, evidenciando a importância da preservação dessa festividade para a cultura brasileira.

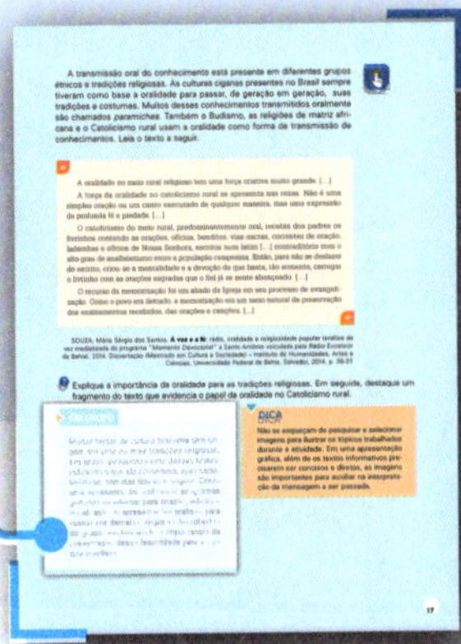

EM GRUPO

Proposta que pede ação em grupo. Ou seja, é hora de trabalhar com os colegas!

IÔNICA

Este selo indica que há recurso extra no ambiente digital.

GLOSSÁRIO

Explicação de termos importantes para a compreensão do texto.

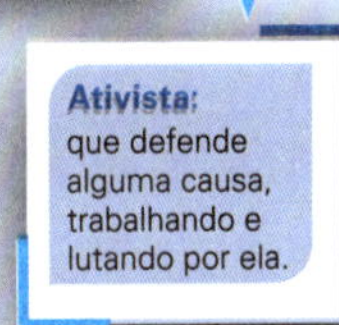

Ativista: que defende alguma causa, trabalhando e lutando por ela.

maneira significativa para a construção da pluralidade religiosa brasileira.

DIÁLOGOS

No século XVI, os primeiros africanos escravizados chegaram ao Brasil, especificamente à Bahia. Capturados na África e originários de várias etnias, eram trazidos ao país em grandes navios, em condições desumanas. Milhares morriam antes de chegarem aqui. Os que sobreviviam eram obrigados a servir como mão de obra escravizada em diversos setores produtivos.

Navio negreiro, de Johann Moritz Rugendas. 1830. Litografia. 35,5 cm × 51,3 cm. Biblioteca Nacional do Brasil, Rio de Janeiro (RJ).

16

DIÁLOGOS

Momento interdisciplinar que busca articular aspectos relacionados ao fenômeno religioso e à religiosidade com as outras áreas do conhecimento.

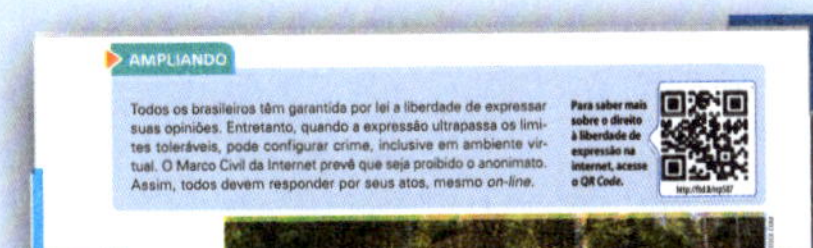

AMPLIANDO

Todos os brasileiros têm garantida por lei a liberdade de expressar suas opiniões. Entretanto, quando a expressão ultrapassa os limites toleráveis, pode configurar crime, inclusive em ambiente virtual. O Marco Civil da Internet prevê que seja proibido o anonimato. Assim, todos devem responder por seus atos, mesmo *on-line*.

Para saber mais sobre o direito à liberdade de expressão na internet, acesse o QR Code.

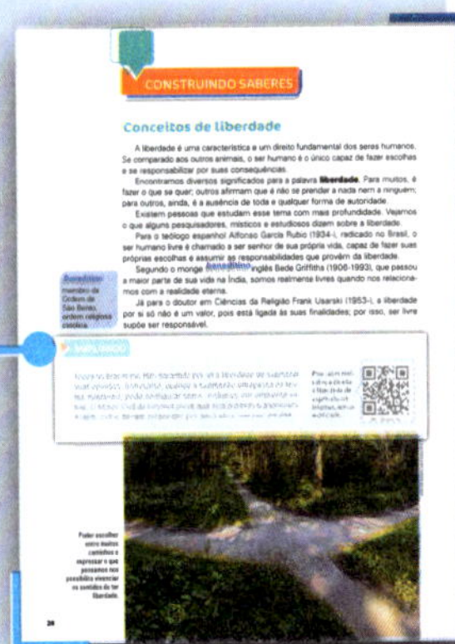

AMPLIANDO

Espaço para ampliar conhecimentos referentes ao tema da seção. Pelo *QR Code*, explore ainda mais os sentidos aprofundados durante a leitura.

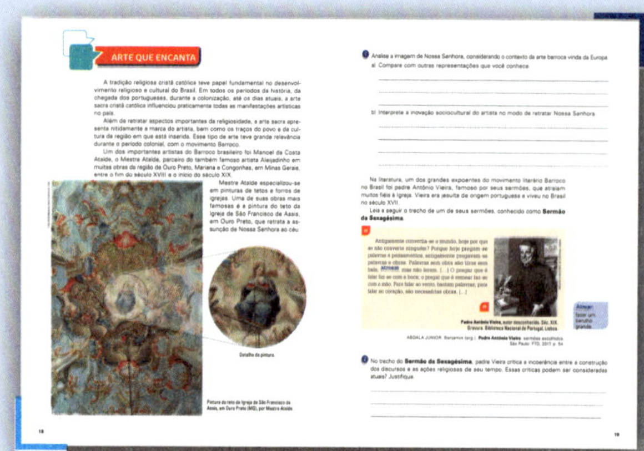

ARTE QUE ENCANTA

Momento de ler e interpretar textos literários, obras de arte, trechos de música etc., refletindo ainda mais sobre o tema do capítulo.

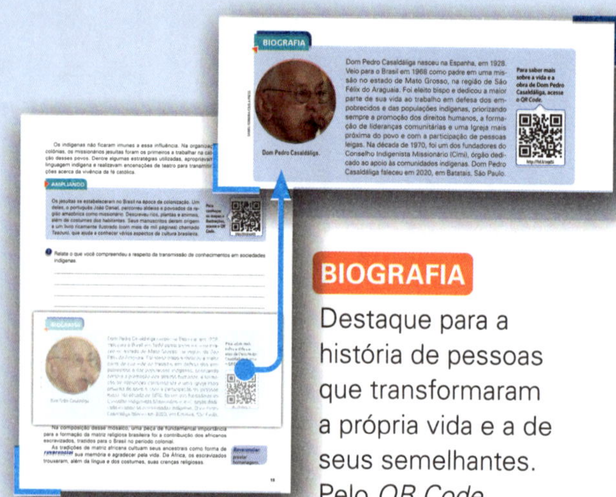

BIOGRAFIA

Destaque para a história de pessoas que transformaram a própria vida e a de seus semelhantes. Pelo *QR Code*, conheça mais da biografia apresentada.

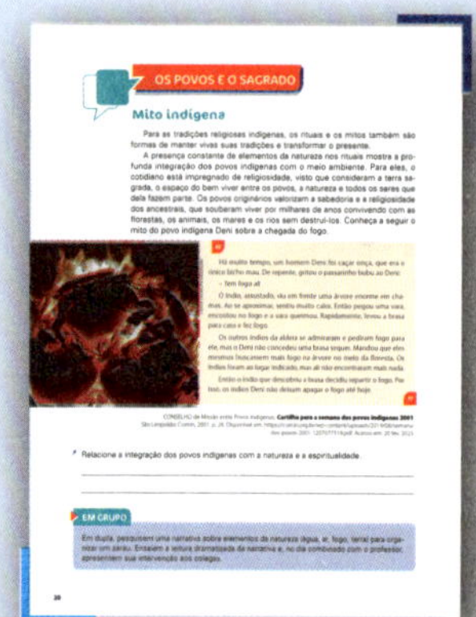

OS POVOS E O SAGRADO

Hora de ampliar seus conhecimentos sobre textos sagrados, escritos e/ou da tradição oral, de modo a compreender os fenômenos religiosos e o desenvolvimento da religiosidade como parte constituinte de diferentes identidades.

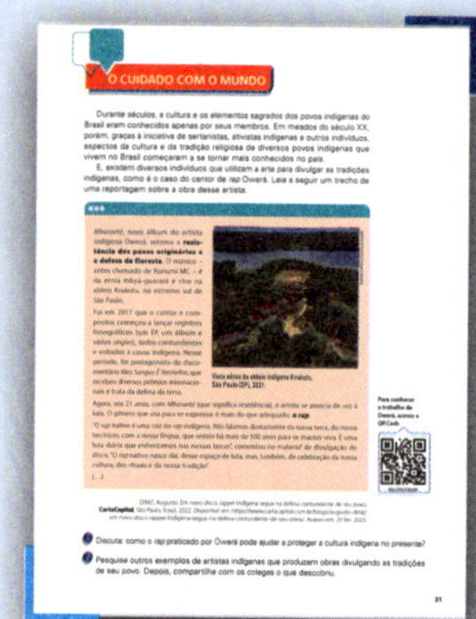

O CUIDADO COM O MUNDO

Espaço dedicado aos verdadeiros exemplos a serem seguidos: participantes de movimentos sociais, religiosos ou artísticos que desempenham papel relevante na sociedade. Use o *QR Code* e conheça ainda mais sobre a vida da pessoa apresentada!

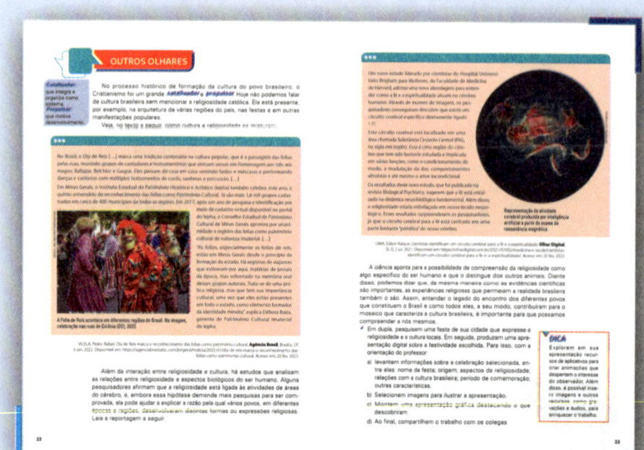

OUTROS OLHARES

Com o auxílio de textos que circulam no cotidiano, como matérias jornalísticas, entrevistas, artigos de opinião, HQs, tirinhas etc., você vai aproximar da atualidade os conhecimentos explorados no decorrer do capítulo.

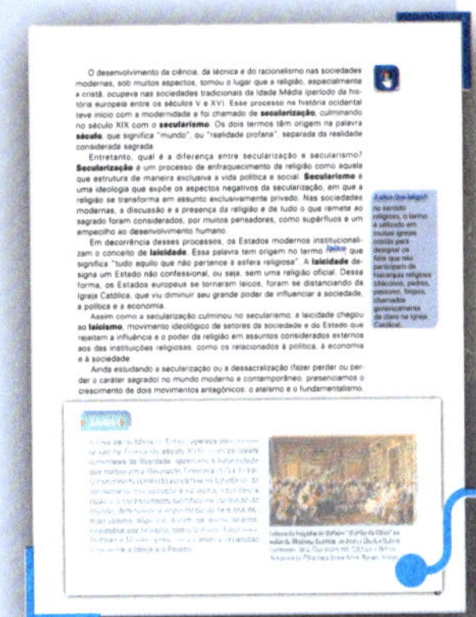

SAIBA +

Curiosidades e outras informações interessantes sobre os conteúdos estudados.

SAIBA +

A ideia da laicidade do Estado aparece pela primeira vez na França do século XVIII, com os ideais iluministas de liberdade, igualdade e fraternidade que nortearam a Revolução Francesa (1789-1799). O movimento iluminista acreditava na luz interior do ser humano, em oposição à luz divina. Valorizava a razão e o conhecimento científico na condução do mundo, diminuindo a importância da fé e dos demais valores religiosos. Assim, os revolucionários, inspirados por filósofos como Voltaire, Rousseau, Hobbes e Montesquieu, provocaram a separação total entre a Igreja e o Estado.

Leitura da tragédia de Voltaire "O órfão da China" no salão de Madame Geoffrin, de Anicet Charles Gabriel Lemonnier. 1812. Óleo sobre tela. 129,5 cm × 196 cm. Academia de Ciências e Belas-Artes, Rouen, França.

TEIA DO CONHECIMENTO

Encerramento do capítulo com atividades que sintetizam os principais conceitos estudados.

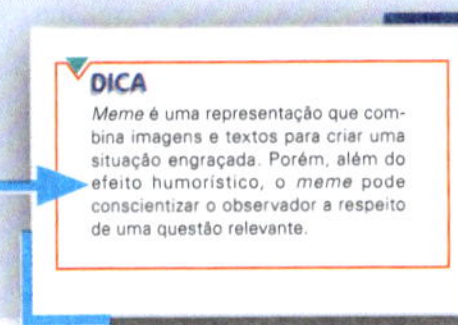
DICA

Meme é uma representação que combina imagens e textos para criar uma situação engraçada. Porém, além do efeito humorístico, o *meme* pode conscientizar o observador a respeito de uma questão relevante.

DICA

Informações pontuais e úteis sobre a atividade que será realizada.

ALÉM DA IMAGEM

Momento de ir além da cena. Por meio do texto e da atividade proposta, você é convidado a ler, a refletir e a expressar sua opinião sobre a imagem reproduzida na seção.

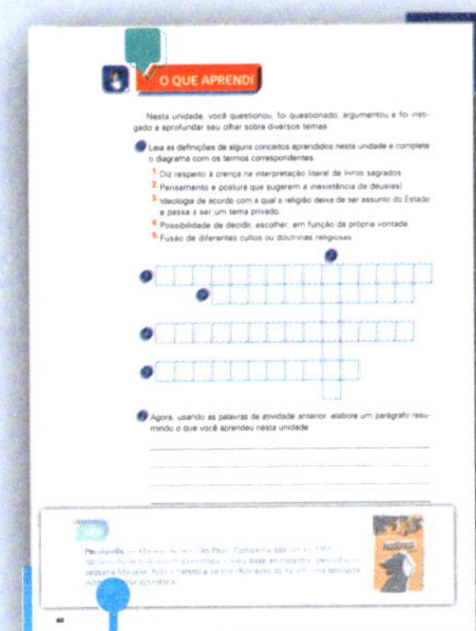

O QUE APRENDI

Ao final de cada unidade, por meio de atividade de autoavaliação, você vai relembrar e registrar o que aprendeu.

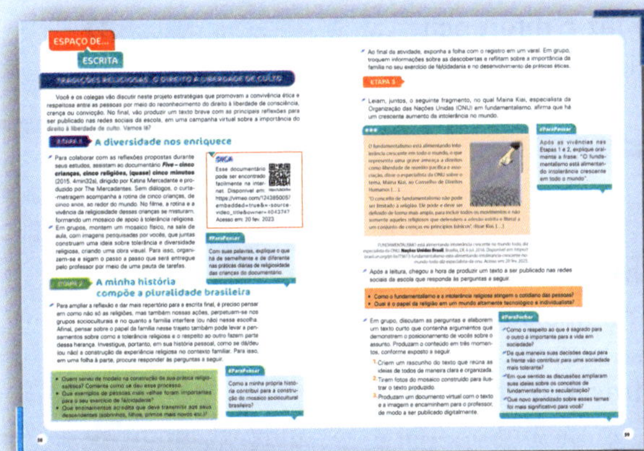

ESPAÇO DE...

No decorrer dos capítulos, você e os colegas vão realizar um projeto. Por meio de diferentes propostas de atividade, vocês terão oportunidades de desenvolver um protagonismo social, baseado na solidariedade, na ética da alteridade, no respeito e na interculturalidade.

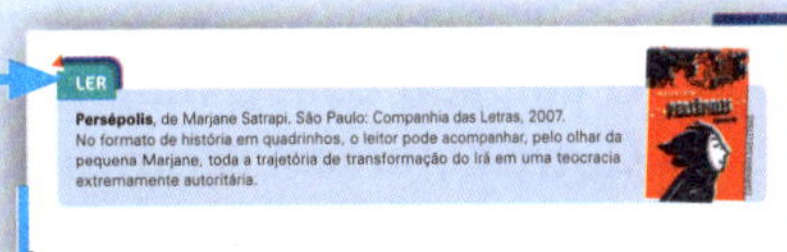
LER

Persépolis, de Marjane Satrapi. São Paulo: Companhia das Letras, 2007. No formato de história em quadrinhos, o leitor pode acompanhar, pelo olhar da pequena Marjane, toda a trajetória de transformação do Irã em uma teocracia extremamente autoritária.

LER/ASSISTIR/ACESSAR/VISITAR/OUVIR

Indicação de filmes, livros, canções, *podcasts* etc., que aprofundam o conhecimento adquirido no decorrer da unidade.

Sumário

UNIDADE 1

Experiências do sagrado

UNIDADE 2

O universo religioso

UNIDADE 3

Religiões, encontros e diálogos

Experiências do sagrado

UNIDADE 1

RODRIGO FERNANDES/SHUTTERSTOCK.COM

Nesta unidade, você vai estudar:

- o mosaico das religiões
- liberdade e responsabilidade
- sagrado e profano
- fundamentalismo
- transcendente e imanente

CAPÍTULO 1

O mosaico religioso

> O reconhecimento da pluralidade religiosa é o primeiro passo para uma convivência cidadã e democrática no Brasil. [...]
>
> SILVA, Airton Vitorino da; ULRICH, Claudete Beise. Pluralidade religiosa brasileira: a importância do diálogo inter-religioso. *In*: **Protestantismo em Revista**, São Leopoldo, v. 43, n. 1, p. 93, jan./jun. 2017.

NOVOS HORIZONTES

Ao repararmos nas pessoas que vivem no Brasil, percebemos a presença de uma grande variedade de culturas, que se revela em hábitos, costumes, tradições, crenças e religiões. A coexistência de diferentes tradições religiosas se expressa na fusão de dogmas e divindades, influenciando as celebrações e os rituais.

Sobre o tema, observe as imagens, converse com os colegas e responda.

a) Identifique como a pluralidade brasileira está representada nas imagens desta abertura.

b) Como os diferentes povos ajudaram a formar a pluralidade cultural e religiosa do Brasil?

c) Cite uma consequência positiva para a sociedade brasileira que seja fruto da pluralidade cultural e religiosa.

FG TRADE/ISTOCKPHOTO/GETTY IMAGES; VPHILIPPE LISSA/STONE/GETTY IMAGES; JASMIN MERDAN/MOMENT/GETTY IMAGES; THALA BHULA/SHUTTERSTOCK.COM; BRASTOCK IMAGES/ISTOCKPHOTO/GETTY IMAGES; RONEN TIVONY/NURPHOTO/GETTY IMAGES

CONSTRUINDO SABERES

Brasil de pluralidades

Vamos iniciar este capítulo a partir da compreensão do que é **mosaico**. Mosaico é a montagem de fragmentos de diferentes materiais, tamanhos e cores, que, juntos, formam uma obra única.

ANTON VIERIETIN/SHUTTERSTOCK.COM

Nesse mosaico, por exemplo, por meio da colagem de diferentes fotos, foi possível construir o rosto de uma pessoa.

Devocional: que demonstra admiração e zelo religioso a Deus e aos santos por meio da observância de orações e práticas.
Litúrgico: relacionado a ritos e cerimônias.
Pluralidade: características étnicas e culturais dos diferentes grupos sociais que convivem no território de um país.

Podemos considerar que o cenário cultural e religioso nas terras que hoje formam o Brasil já era um mosaico desde antes de os portugueses chegarem, pois a **pluralidade** estava presente na multiplicidade de povos indígenas que viviam por aqui, com línguas, tradições religiosas e culturas bem diversas.

Por meio da tradição oral, esses povos mantiveram vivos seus ensinamentos, transmitidos dos mais velhos aos mais jovens, e valorizaram o culto aos ancestrais com rituais como as danças circulares ao redor da fogueira. Para alguns povos indígenas, a fogueira acesa representa a memória dos ancestrais, como é o caso da etnia Fulni-ô, que vive no município de Águas Belas, em Pernambuco.

Os europeus trouxeram para o Brasil elementos simbólicos e **litúrgicos** presentes na tradição cristã católica, como a celebração dos sacramentos, em especial a eucaristia e o batismo; práticas como terços, novenas e procissões; e as festas litúrgicas e **devocionais**.

Porém, a influência do Cristianismo católico em terras brasileiras foi além do âmbito religioso. Ela teve papel social, cultural, político e econômico. Exemplos dessa atuação são os colégios confessionais e a fundação das irmandades, responsáveis por manter a política colonial da Coroa portuguesa no Brasil, além de estruturarem a organização social das colônias e cuidarem da saúde da população por meio das Santas Casas de Misericórdia, existentes até hoje em nosso país.

Os indígenas não ficaram imunes a essa influência. Na organização das colônias, os missionários jesuítas foram os primeiros a trabalhar na catequização desses povos. Dentre algumas estratégias utilizadas, apropriavam-se da linguagem indígena e realizavam encenações de teatro para transmitir instruções acerca da vivência da fé católica.

AMPLIANDO

Os jesuítas se estabeleceram no Brasil na época da colonização. Um deles, o português João Daniel, percorreu aldeias e povoados da região amazônica como missionário. Descreveu rios, plantas e animais, além de costumes dos habitantes. Seus manuscritos deram origem a um livro ricamente ilustrado (com mais de mil páginas) chamado **Tesouro**, que ajuda a conhecer vários aspectos da cultura brasileira.

Para conhecer os mapas e ilustrações, acesse o *QR Code*.

https://ftd.li/acu876

1. Relate o que você compreendeu a respeito da transmissão de conhecimentos em sociedades indígenas.

BIOGRAFIA

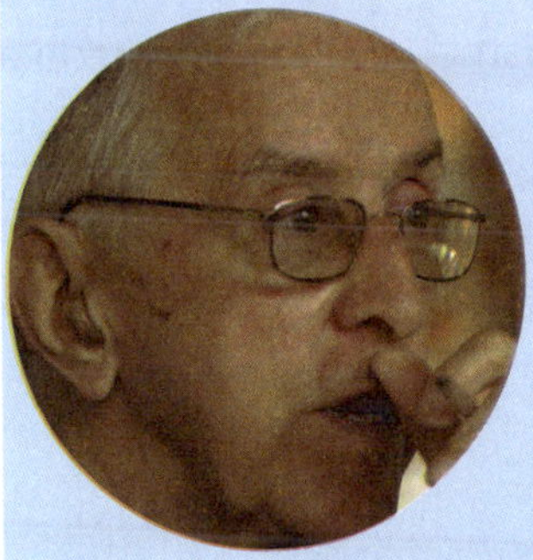

DANIEL FERREIRA/CB/D.A PRESS

Dom Pedro Casaldáliga.

Dom Pedro Casaldáliga nasceu na Espanha, em 1928. Veio para o Brasil em 1968 como padre em uma missão no estado de Mato Grosso, na região de São Félix do Araguaia. Foi eleito bispo e dedicou a maior parte de sua vida ao trabalho em defesa dos empobrecidos e das populações indígenas, priorizando sempre a promoção dos direitos humanos, a formação de lideranças comunitárias e uma Igreja mais próxima do povo e com a participação de pessoas leigas. Na década de 1970, foi um dos fundadores do Conselho Indigenista Missionário (Cimi), órgão dedicado ao apoio às comunidades indígenas. Dom Pedro Casaldáliga faleceu em 2020, em Batatais, São Paulo.

Para saber mais sobre a vida e a obra de Dom Pedro Casaldáliga, acesse o *QR Code*.

http://ftd.li/znjd5i

Na composição desse mosaico, uma peça de fundamental importância para a formação da matriz religiosa brasileira foi a contribuição dos africanos escravizados, trazidos para o Brasil no período colonial.

As tradições de matriz africana cultuam seus ancestrais como forma de **reverenciar** sua memória e agradecer pela vida. Da África, os escravizados trouxeram, além da língua e dos costumes, suas crenças religiosas.

Reverenciar: prestar homenagem.

EDU LYRA/PULSAR IMAGENS

O *Tanaba Matsuri*, ou Festival das Estrelas, é originário do Japão e celebrado no Brasil desde 1979. Durante a celebração, os ramos de bambus são enfeitados com *tanzakus*, papéis coloridos que simbolizam desejos. Ao final da festa, há um ritual xintoísta de queima dos *tanzakus*, para que as palavras escritas neles alcancem as estrelas. Cerimônia no bairro da Liberdade, São Paulo (SP), 2022.

Tanto o culto aos orixás quanto a devoção aos antepassados foram proibidos durante séculos. Por isso, os praticantes das tradições religiosas de matriz africana mesclaram suas práticas às do Cristianismo católico, como forma de resistência, e, posteriormente, às das tradições indígenas, marcando de maneira significativa o que muitos estudiosos do fenômeno religioso denominam de sincretismo na religiosidade brasileira.

Com o tempo, outros cultos de matriz africana foram surgindo, com destaque para os estados de Pernambuco, Maranhão e Alagoas, no Nordeste; Pará, no Norte; e o estado do Rio Grande do Sul, na região Sul do país.

Outras tantas peças foram acrescentadas a esse mosaico religioso brasileiro pelos imigrantes que chegaram ao longo dos últimos séculos e continuam chegando:

- **alemães:** trouxeram as correntes protestantes tradicionais, como o Luteranismo;
- **japoneses:** trouxeram o Budismo e o Xintoísmo;
- **judeus:** de vertente ortodoxa, trouxeram o Judaísmo, que foi misturado a elementos da cultura local;
- **povos do Oriente Médio:** trouxeram, de modo mais acentuado, o Islamismo.

Além desses povos, muitos outros contribuíram e ainda contribuem de maneira significativa para a construção da pluralidade religiosa brasileira.

DIÁLOGOS

No século XVI, os primeiros africanos escravizados chegaram ao Brasil, especificamente à Bahia. Capturados na África e originários de várias etnias, eram trazidos ao país em grandes navios, em condições desumanas. Milhares morriam antes de chegarem aqui. Os que sobreviviam eram obrigados a servir como mão de obra escravizada em diversos setores produtivos.

BIBLIOTECA NACIONAL DO BRASIL, RIO DE JANEIRO

Navio negreiro, de Johann Moritz Rugendas. 1830. Litografia. 35,5 cm × 51,3 cm. Biblioteca Nacional do Brasil, Rio de Janeiro (RJ).

A transmissão oral do conhecimento está presente em diferentes grupos étnicos e tradições religiosas. As culturas ciganas presentes no Brasil sempre tiveram como base a oralidade para passar, de geração em geração, suas tradições e costumes. Muitos desses conhecimentos transmitidos oralmente são chamados *paramiches*. Também o Budismo, as religiões de matriz africana e o Catolicismo rural usam a oralidade como forma de transmissão de conhecimentos. Leia o texto a seguir.

> A oralidade no meio rural religioso tem uma força criativa muito grande. [...]
>
> A força da oralidade no catolicismo rural se apresenta nas rezas. Não é uma simples oração ou um canto executado de qualquer maneira, mas uma expressão de profunda fé e piedade. [...]
>
> O catolicismo do meio rural, predominantemente oral, recebia dos padres os livrinhos contendo as orações, ofícios, benditos, vias-sacras, correntes de oração, ladainhas e ofícios de Nossa Senhora, escritos num latim [...] contraditório com o alto grau de analfabetismo entre a população campesina. Então, para não se desfazer do escrito, criou-se a mentalidade e a devoção de que basta, tão somente, carregar o livrinho com as orações sagradas que o fiel já se sente abençoado. [...]
>
> O recurso da memorização foi um aliado da Igreja em seu processo de evangelização. Como o povo era iletrado, a memorização era um meio natural de preservação dos ensinamentos recebidos, das orações e canções. [...]

SOUZA, Mário Sérgio dos Santos. **A voz e a fé**: rádio, oralidade e religiosidade popular (análise da voz mediatizada do programa "Momento Devocional" a Santo Antônio veiculada pela Rádio Excelsior da Bahia). 2014. Dissertação (Mestrado em Cultura e Sociedade) – Instituto de Humanidades, Artes e Ciências, Universidade Federal da Bahia, Salvador, 2014. p. 36-37.

2 Explique a importância da oralidade para as tradições religiosas. Em seguida, destaque um fragmento do texto que evidencia o papel da oralidade no Catolicismo rural.

EM GRUPO

Muitas festas da cultura brasileira têm origem em uma ou mais tradições religiosas. Em grupo, pesquisem uma dessas festas, indicando o que ela comemora, suas características, comidas típicas e origem. Criem uma apresentação, utilizando programas gratuitos na internet para criação, edição e visualização de apresentações gráficas, para ilustrar aos demais colegas as descobertas do grupo, evidenciando a importância da preservação dessa festividade para a cultura brasileira.

DICA

Não se esqueçam de pesquisar e selecionar imagens para ilustrar os tópicos trabalhados durante a atividade. Em uma apresentação gráfica, além de os textos informativos precisarem ser concisos e diretos, as imagens são importantes para auxiliar na interpretação da mensagem a ser passada.

ARTE QUE ENCANTA

A tradição religiosa cristã católica teve papel fundamental no desenvolvimento religioso e cultural do Brasil. Em todos os períodos da história, da chegada dos portugueses, durante a colonização, até os dias atuais, a arte sacra cristã católica influenciou praticamente todas as manifestações artísticas no país.

Além de retratar aspectos importantes da religiosidade, a arte sacra apresenta nitidamente a marca do artista, bem como os traços do povo e da cultura da região em que está inserida. Esse tipo de arte teve grande relevância durante o período colonial, com o movimento Barroco.

Um dos importantes artistas do Barroco brasileiro foi Manoel da Costa Ataíde, o Mestre Ataíde, parceiro do também famoso artista Aleijadinho em muitas obras da região de Ouro Preto, Mariana e Congonhas, em Minas Gerais, entre o fim do século XVIII e o início do século XIX.

Mestre Ataíde especializou-se em pinturas de tetos e forros de igrejas. Uma de suas obras mais famosas é a pintura do teto da Igreja de São Francisco de Assis, em Ouro Preto, que retrata a assunção de Nossa Senhora ao céu.

CAIO PEDERNEIRAS/SHUTTERSTOCK.COM

Detalhe da pintura.

Pintura do teto da Igreja de São Francisco de Assis, em Ouro Preto (MG), por Mestre Ataíde.

1 Analise a imagem de Nossa Senhora, considerando o contexto da arte barroca vinda da Europa.

a) Compare com outras representações que você conhece.

b) Interprete a inovação sociocultural do artista no modo de retratar Nossa Senhora.

Na literatura, um dos grandes expoentes do movimento literário Barroco no Brasil foi padre Antônio Vieira, famoso por seus sermões, que atraíam muitos fiéis à Igreja. Vieira era jesuíta de origem portuguesa e viveu no Brasil no século XVII.

Leia a seguir o trecho de um de seus sermões, conhecido como **Sermão da Sexagésima**.

"

Antigamente convertia-se o mundo, hoje por que se não converte ninguém? Porque hoje pregam-se palavras e pensamentos, antigamente pregavam-se palavras e obras. Palavras sem obra são tiros sem bala; **atroam**, mas não ferem. [...] O pregar que é falar, faz-se com a boca; o pregar que é semear, faz-se com a mão. Para falar ao vento, bastam palavras; para falar ao coração, são necessárias obras. [...]

"

BIBLIOTECA NACIONAL DE PORTUGAL, LISBOA.

Padre Antônio Vieira, autor desconhecido. Séc. XIX. Gravura. Biblioteca Nacional de Portugal, Lisboa.

ABDALA JUNIOR, Benjamin (org.). **Padre Antônio Vieira**: sermões escolhidos. São Paulo: FTD, 2017. p. 54.

Atroar: fazer um barulho grande.

2 No trecho do **Sermão da Sexagésima**, padre Vieira critica a incoerência entre a construção dos discursos e as ações religiosas de seu tempo. Essas críticas podem ser consideradas atuais? Justifique.

OS POVOS E O SAGRADO

Mito indígena

Para as tradições religiosas indígenas, os rituais e os mitos também são formas de manter vivas suas tradições e transformar o presente.

A presença constante de elementos da natureza nos rituais mostra a profunda integração dos povos indígenas com o meio ambiente. Para eles, o cotidiano está impregnado de religiosidade, visto que consideram a terra sagrada, o espaço do bem viver entre os povos, a natureza e todos os seres que dela fazem parte. Os povos originários valorizam a sabedoria e a religiosidade dos ancestrais, que souberam viver por milhares de anos convivendo com as florestas, os animais, os mares e os rios sem destruí-los. Conheça a seguir o mito do povo indígena Deni sobre a chegada do fogo.

CADU DE CASTRO/PULSAR IMAGENS

> Há muito tempo, um homem Deni foi caçar onça, que era o único bicho mau. De repente, gritou o passarinho bubu ao Deni:
>
> – Tem fogo aí!
>
> O índio, assustado, viu em frente uma árvore enorme em chamas. Ao se aproximar, sentiu muito calor. Então pegou uma vara, encostou no fogo e a vara queimou. Rapidamente, levou a brasa para casa e fez fogo.
>
> Os outros índios da aldeia se admiraram e pediram fogo para ele, mas o Deni não concedeu uma brasa sequer. Mandou que eles mesmos buscassem mais fogo na árvore no meio da floresta. Os índios foram ao lugar indicado, mas ali não encontraram mais nada.
>
> Então o índio que descobriu a brasa decidiu repartir o fogo. Por isso, os índios Deni não deixam apagar o fogo até hoje.

CONSELHO de Missão entre Povos Indígenas. **Cartilha para a semana dos povos indígenas 2001**. São Leopoldo: Comin, 2001. p. 28. Disponível em: https://comin.org.br/wp-content/uploads/2019/08/semana-dos-povos-2001-1207077519.pdf. Acesso em: 23 fev. 2024.

- Relacione a integração dos povos indígenas com a natureza e a espiritualidade.

____

____

EM GRUPO

Em dupla, pesquisem uma narrativa sobre elementos da natureza (água, ar, fogo, terra) para organizar um sarau. Ensaiem a leitura dramatizada da narrativa e, no dia combinado com o professor, apresentem sua intervenção aos colegas.

O CUIDADO COM O MUNDO

Durante séculos, a cultura e os elementos sagrados dos povos indígenas do Brasil eram conhecidos apenas por seus membros. Em meados do século XX, porém, graças à iniciativa de sertanistas, ativistas indígenas e outros indivíduos, aspectos da cultura e da tradição religiosa de diversos povos indígenas que vivem no Brasil começaram a se tornar mais conhecidos no país.

Existem diversos indivíduos que utilizam a arte para divulgar as tradições indígenas, como é o caso do cantor de *rap* Owerá. Leia a seguir um trecho de uma reportagem sobre a obra desse artista.

Mbaraeté, novo álbum do artista indígena Owerá, retoma a **resistência dos povos originários e a defesa da floresta**. O músico – antes chamado de Kunumi MC – é da etnia mbyá-guarani e vive na aldeia Krukutu, no extremo sul de São Paulo.

RUBENS CHAVES/PULSAR IMAGENS

Vista aérea da aldeia indígena Krukutu, São Paulo (SP), 2021.

Foi em 2017 que o cantor e compositor começou a lançar registros fonográficos (um EP, um álbum e vários *singles*), todos contundentes e voltados à causa indígena. Nesse período, foi protagonista do documentário *Meu Sangue É Vermelho*, que recebeu diversos prêmios internacionais e trata da defesa da terra.

Agora, aos 21 anos, com *Mbaraeté* (que significa resistência), o artista se associa de vez à luta. O gênero que usa para se expressar é mais do que adequado: ***o rap***.

"O *rap* nativo é uma raiz do *rap* indígena. Nós falamos diretamente da nossa terra, do nosso território, com a nossa língua, que resiste há mais de 500 anos para se manter viva. É uma luta diária que enfrentamos nas nossas terras", comentou no material de divulgação do disco. "O *rap* nativo nasce daí, desse espaço de luta, mas, também, de celebração da nossa cultura, dos rituais e da nossa tradição".

[...]

DINIZ, Augusto. Em novo disco, *rapper* indígena segue na defesa contundente de seu povo. **CartaCapital**, São Paulo, 9 out. 2022. Disponível em: https://www.cartacapital.com.br/blogs/augusto-diniz/em-novo-disco-rapper-indigena-segue-na-defesa-contundente-de-seu-povo/. Acesso em: 23 fev. 2024.

Para conhecer o trabalho de Owerá, acesse o *QR Code*.

http://ftd.li/t8y98t

1. Discuta: como o *rap* praticado por Owerá pode ajudar a proteger a cultura indígena no presente?
2. Pesquise outros exemplos de artistas indígenas que produzem obras divulgando as tradições de seu povo. Depois, compartilhe com os colegas o que descobriu.

OUTROS OLHARES

Catalisador: que integra e organiza como sistema.
Propulsor: que motiva desenvolvimento.

No processo histórico de formação da cultura do povo brasileiro, o Cristianismo foi um grande **catalisador** e **propulsor**. Hoje não podemos falar de cultura brasileira sem mencionar a religiosidade católica. Ela está presente, por exemplo, na arquitetura de várias regiões do país, nas festas e em outras manifestações populares.

Veja, no texto a seguir, como cultura e religiosidade se misturam.

No Brasil, o Dia de Reis [...] marca uma tradição centenária na cultura popular, que é a passagem das folias pelas ruas, reunindo grupos de cantadores e instrumentistas que entoam versos em homenagem aos três reis magos: Baltazar, Belchior e Gaspar. Eles passam de casa em casa vestindo fardas e máscaras e performando danças e cantorias com múltiplos instrumentos de corda, sanfonas e percussão. [...]

Em Minas Gerais, o Instituto Estadual do Patrimônio Histórico e Artístico (Iepha) também celebra, este ano, o quinto aniversário do reconhecimento das folias como Patrimônio Cultural. Já são mais 1,6 mil grupos cadastrados em cerca de 400 municípios de todas as regiões. Em 2017, após um ano de pesquisa e identificação por meio de cadastro virtual disponível no portal do Iepha, o Conselho Estadual de Patrimônio Cultural de Minas Gerais aprovou por unanimidade o registro das folias como patrimônio cultural de natureza imaterial. [...]

ANGELA_MACARIO/SHUTTERSTOCK.COM

A Folia de Reis acontece em diferentes regiões do Brasil. Na imagem, celebração nas ruas de Goiânia (GO), 2023.

"As folias, especialmente as folias de reis, estão em Minas Gerais desde o princípio da formação do estado. Há registros de viajantes que estiveram por aqui, matérias de jornais da época, mas sobretudo na memória oral desses grupos autorais. Trata-se de uma prática religiosa, mas que tem sua importância cultural, uma vez que eles estão presentes em todo o estado, como elemento formador da identidade mineira", explica Débora Raiza, gerente de Patrimônio Cultural Imaterial do Iepha.

VILELA, Pedro Rafael. Dia de Reis marca o reconhecimento das folias como patrimônio cultural. **Agência Brasil**, Brasília, DF, 6 jan. 2022. Disponível em: https://agenciabrasil.ebc.com.br/geral/noticia/2022-01/dia-de-reis-marca-o-reconhecimento-das-folias-como-patrimonio-cultural. Acesso em: 22 fev. 2024.

Além da interação entre religiosidade e cultura, há estudos que analisam as relações entre religiosidade e aspectos biológicos do ser humano. Alguns pesquisadores afirmam que a religiosidade está ligada às atividades de áreas do cérebro, e, embora essa hipótese demande mais pesquisas para ser comprovada, ela pode ajudar a explicar a razão pela qual vários povos, em diferentes épocas e regiões, desenvolveram distintas formas ou expressões religiosas. Leia a reportagem a seguir.

Um novo estudo liderado por cientistas do Hospital Universitário Brigham para Mulheres, da Faculdade de Medicina de Harvard, adotou uma nova abordagem para entender como a fé e a espiritualidade atuam no cérebro humano. Através de exames de imagem, os pesquisadores conseguiram descobrir que existe um circuito cerebral específico diretamente ligado à fé.

Este circuito cerebral está localizado em uma área chamada Substância Cinzenta Central (PAG, na sigla em inglês). Essa é uma região do cérebro que tem sido bastante estudada e implicada em várias funções, como o condicionamento do medo, a modulação da dor, comportamentos altruístas e até mesmo o amor incondicional.

Os resultados deste novo estudo, que foi publicado na revista Biological Psychiatry, sugerem que a fé está enraizada na dinâmica neurobiológica fundamental. Além disso, a religiosidade estaria entrelaçada em nosso tecido neurológico. Esses resultados surpreenderam os pesquisadores, já que o circuito cerebral para a fé está centrado em uma parte bastante "primitiva" do nosso cérebro.

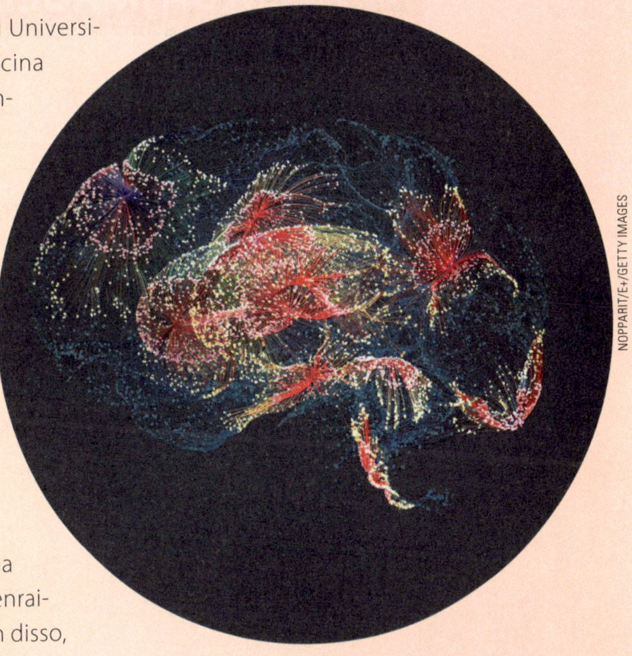
NOPPARIT/E+/GETTY IMAGES

Representação de atividade cerebral produzida por inteligência artificial a partir de exame de ressonância magnética.

LIMA, Edson Kaique. Cientistas identificam um circuito cerebral para a fé e a espiritualidade. **Olhar Digital**, [*S. l.*], 2 jul. 2021. Disponível em: https://olhardigital.com.br/2021/07/02/medicina-e-saude/cientistas-identificam-um-circuito-cerebral-para-a-fe-e-a-espiritualidade/. Acesso em: 23 fev. 2024.

A ciência aponta para a possibilidade de compreensão da religiosidade como algo específico do ser humano e que o distingue dos outros animais. Diante disso, podemos dizer que, da mesma maneira como as evidências científicas são importantes, as experiências religiosas que permeiam a realidade brasileira também o são. Assim, entender o legado do encontro dos diferentes povos que constituem o Brasil e como todos eles, a seu modo, contribuíram para o mosaico que caracteriza a cultura brasileira, é importante para que possamos compreender a nós mesmos.

- Em dupla, pesquisem uma festa de sua cidade que expresse a religiosidade e a cultura locais. Em seguida, produzam uma apresentação digital sobre a festividade escolhida. Para isso, com a orientação do professor:
  a) levantem informações sobre a celebração selecionada, entre elas: nome da festa; origem; aspectos da religiosidade; relações com a cultura brasileira; período de comemoração; outras características.
  b) Selecionem imagens para ilustrar a apresentação.
  c) Montem uma apresentação gráfica destacando o que descobriram.
  d) Ao final, compartilhem o trabalho com os colegas.

DICA

Explorem em sua apresentação recursos de aplicativos para criar animações que despertem o interesse do observador. Além disso, é possível inserir imagens e outros recursos, como gravações e áudios, para enriquecer o trabalho.

ALÉM DA IMAGEM

A luta pela manutenção e pela perpetuação da cultura e tradição religiosa dos povos indígenas tem uma íntima relação com a preservação de suas terras de origem e o cuidado com o meio ambiente.

Para as tradições religiosas indígenas, natureza, cultura, sociedade e religião estão intimamente ligadas. Para garantir seus direitos, líderes desses povos muitas vezes organizam protestos e manifestações para se fazerem ouvir.

São muitas as formas de organização indígena na luta por seus direitos. O Movimento Indígena planeja ações diversas, como o protesto de lideranças indígenas realizado em frente ao Congresso Nacional, em Brasília, em agosto de 2021, contra um projeto de lei que poderia ameaçar o direito de muitos grupos indígenas a permanecer em suas terras tradicionais.

ANDRE DIB/PULSAR IMAGENS

Manifestação dos povos indígenas na Praça dos Três Poderes, Brasília (DF), em 2021.

- Explique a importância da organização de ações, como o protesto representado na imagem, na luta pelos direitos indígenas, e o que os símbolos usados nessas ações representam.

TEIA DO CONHECIMENTO

Vimos neste capítulo que o Brasil é constituído de um complexo mosaico religioso. Desde o início do processo de formação do país até os dias atuais, esse mosaico vem adquirindo novas peças, propiciando a construção de uma identidade fundamentada na alteridade.

MASTER1305/SHUTTERSTOCK.COM

- Agora, vamos retomar essa questão e construir uma imagem em mosaico representando essa pluralidade. Com a supervisão do professor, em grupos, sigam o passo a passo.

1. Inicialmente, reflitam com os membros do grupo a respeito do que significa afirmar que o Brasil é um país marcado por um complexo mosaico religioso. Pensem em exemplos concretos para refletir sobre o tema, indicando como esse mosaico se apresenta no cotidiano.

2. Após a discussão, pesquisem imagens que evidenciem as reflexões de vocês. Registrem informações a respeito das imagens para a produção do mosaico.

3. De forma coletiva, selecionem quais imagens pesquisadas anteriormente serão utilizadas no mosaico. Preparem pequenas legendas descrevendo todas as imagens e inserindo informações, como local e data.

4. Utilizando a plataforma digital previamente selecionada, montem o mosaico, reunindo todas as imagens selecionadas e as legendas que devem acompanhá-las.

5. Ao final, compartilhem o mosaico com os colegas em sala de aula, explicando o significado das imagens pesquisadas e indicando como ele representa a diversidade religiosa no Brasil.

CAPÍTULO 2

Somos livres?

[...] a liberdade só se desenvolve na responsabilidade face a um bem maior. Um tal bem só existe para todos juntos; por conseguinte, devo interessar-me sempre também dos meus vizinhos. A liberdade não pode ser vivida na ausência de relações.

DISCURSO do papa [Bento XVI] na chegada à Alemanha. **Canção Nova**, [*S. l.*], 22 set. 2011. Disponível em: https://noticias.cancaonova.com/especiais/pontificado/bento-xvi/viagens-bentoxvi/alemanha/discurso-do-papa-na-chegada-a-alemanha/. Acesso em: 23 fev. 2024.

KLAUS VEDFELT/DIGITAL VISION/GETTY IMAGES

NOVOS HORIZONTES

Sendo dotados de liberdade, podemos decidir nossos caminhos e expressar o que pensamos. Entretanto, nós nos tornamos responsáveis pelas escolhas que fazemos. Poder decidir o que fazer e assumir o que queremos pode nos levar a muitos questionamentos.

Sobre o tema, observe a imagem, converse com os colegas e responda.

a) Para você, o que significa ser livre?

b) Em que situações você se sente livre?

c) Você acredita que as pessoas são livres para escolher entre o bem e o mal? Justifique sua resposta.

CONSTRUINDO SABERES

Conceitos de liberdade

A liberdade é uma característica e um direito fundamental dos seres humanos. Se comparado aos outros animais, o ser humano é o único capaz de fazer escolhas e se responsabilizar por suas consequências.

Encontramos diversos significados para a palavra **liberdade**. Para muitos, é fazer o que se quer; outros afirmam que é não se prender a nada nem a ninguém; para outros, ainda, é a ausência de toda e qualquer forma de autoridade.

Existem pessoas que estudam esse tema com mais profundidade. Vejamos o que alguns pesquisadores, místicos e estudiosos dizem sobre a liberdade.

Para o teólogo espanhol Alfonso García Rubio (1934-), radicado no Brasil, o ser humano livre é chamado a ser senhor de sua própria vida, capaz de fazer suas próprias escolhas e assumir as responsabilidades que provêm da liberdade.

Segundo o monge **beneditino** inglês Bede Griffiths (1906-1993), que passou a maior parte de sua vida na Índia, somos realmente livres quando nos relacionamos com a realidade eterna.

Beneditino: membro da Ordem de São Bento, ordem religiosa católica.

Já para o doutor em Ciências da Religião Frank Usarski (1953-), a liberdade por si só não é um valor, pois está ligada às suas finalidades; por isso, ser livre supõe ser responsável.

AMPLIANDO

Todos os brasileiros têm garantida por lei a liberdade de expressar suas opiniões. Entretanto, quando a expressão ultrapassa os limites toleráveis, pode configurar crime, inclusive em ambiente virtual. O Marco Civil da Internet prevê que seja proibido o anonimato. Assim, todos devem responder por seus atos, mesmo *on-line*.

Para saber mais sobre o direito à liberdade de expressão na internet, acesse o *QR Code*.

http://ftd.li/rrp587

MASTER HANDS/SHUTTERSTOCK.COM

Poder escolher entre muitos caminhos e expressar o que pensamos nos possibilita vivenciar os sentidos de ter liberdade.

Muito tempo antes, porém, nos primeiros anos do Cristianismo, o teólogo e filósofo Agostinho de Hipona (354-430 a.C.), ou simplesmente Santo Agostinho, escreveu uma obra intitulada ***De Libero Arbitrio*** ("O **livre-arbítrio**", em português), em que tratou da liberdade e do livre-arbítrio.

Segundo ele, o livre-arbítrio é a possibilidade que o ser humano tem de escolher entre o bem e o mal. Essa ainda não é a liberdade para Agostinho. A liberdade é encontrada somente quando a vontade do ser humano se volta para o bem, escolhe o bem.

Tudo dependerá de como utiliza o livre-arbítrio: se escolhe o mal, não está demonstrando ser uma pessoa livre.

Livre-arbítrio: possibilidade de decidir, escolher, em função da própria vontade.

1 Sublinhe no texto como age um ser humano em liberdade. Depois, escolha uma das definições sublinhadas com a qual você mais se identificou e elabore a seguir um pequeno texto, justificando por que optou por ela.

SEGUIR

____

____

____

____

____

____

____

____

____

____

____

____

DICA

O texto deve ser escrito no formato de uma postagem em rede social, por isso deve ser curto e direto.

12 16 84

As religiões também apresentam sua definição de liberdade com base na visão que têm do ser humano e do mundo. Vamos conhecer o que dizem e refletir sobre como isso pode afetar nossa vida e as sociedades contemporâneas.

Judaísmo

Inerente: algo que faz parte da pessoa ou coisa e que é inseparável dela por natureza.

Na tradição religiosa judaica, a liberdade é vista como **inerente** ao ser humano, pois ele é a imagem do Criador e recebeu Dele a liberdade de escolha, isto é, o livre-arbítrio. Cada um é responsável pela própria vida e deve responder por suas escolhas.

A busca pela liberdade é um tema que perpassa toda a história do povo de Israel.

No Judaísmo, o evento que fundamenta a liberdade é a experiência do Êxodo, ou seja, a saída dos judeus da escravidão no Egito para a Terra Prometida.

Muitos obstáculos precisaram ser vencidos para que esse grupo de pessoas fosse libertado da escravidão. Ao longo de sua história, outros impérios dominaram Israel, porém a liberdade sempre foi cultivada como um valor pessoal e coletivo.

Os dez mandamentos, para os judeus, podem servir como uma bússola para o processo de conquista da liberdade.

EDITORA SÉFER

Os dez mandamentos – também conhecidos, no Judaísmo, como *Assêret Hadibrot* – são princípios presentes na Torá, livro sagrado dessa tradição religiosa.

HALBERGMAN/E+/GETTY IMAGES

Família reunida no *Seder*, jantar cerimonial judaico que relembra quando o povo de Israel foi liberto do poderio do Egito.

Cristianismo

Para o cristão, liberdade é a possibilidade que o ser humano tem de escolher agir ou não agir, de decidir entre uma coisa e outra, fundamentado na razão e na vontade.

A liberdade é alcançada quando sua vida está em comunhão com Deus e com o próximo, ou seja, o cristão livre ama a Deus sobre todas as coisas e ao próximo como a si mesmo, de acordo com a proposta de Jesus.

Quanto mais o ser humano praticar o bem e rejeitar o mal, mais livre ele será. A liberdade, para quem segue Jesus, vai sendo alcançada à medida que se trabalha para o serviço do bem e da justiça.

Com base nessa definição de liberdade, o Cristianismo afirma que o ser humano possui livre-arbítrio. Logo, seu destino não é predeterminado. Por meio do livre-arbítrio, o ser humano tem a possibilidade de optar entre o bem e o mal.

Para os cristãos, o ser humano é livre para ajudar a construir uma sociedade que busque o bem comum, a prática da justiça e da solidariedade.

A verdadeira liberdade, assim, é construída na relação de amor com Deus e com o próximo.

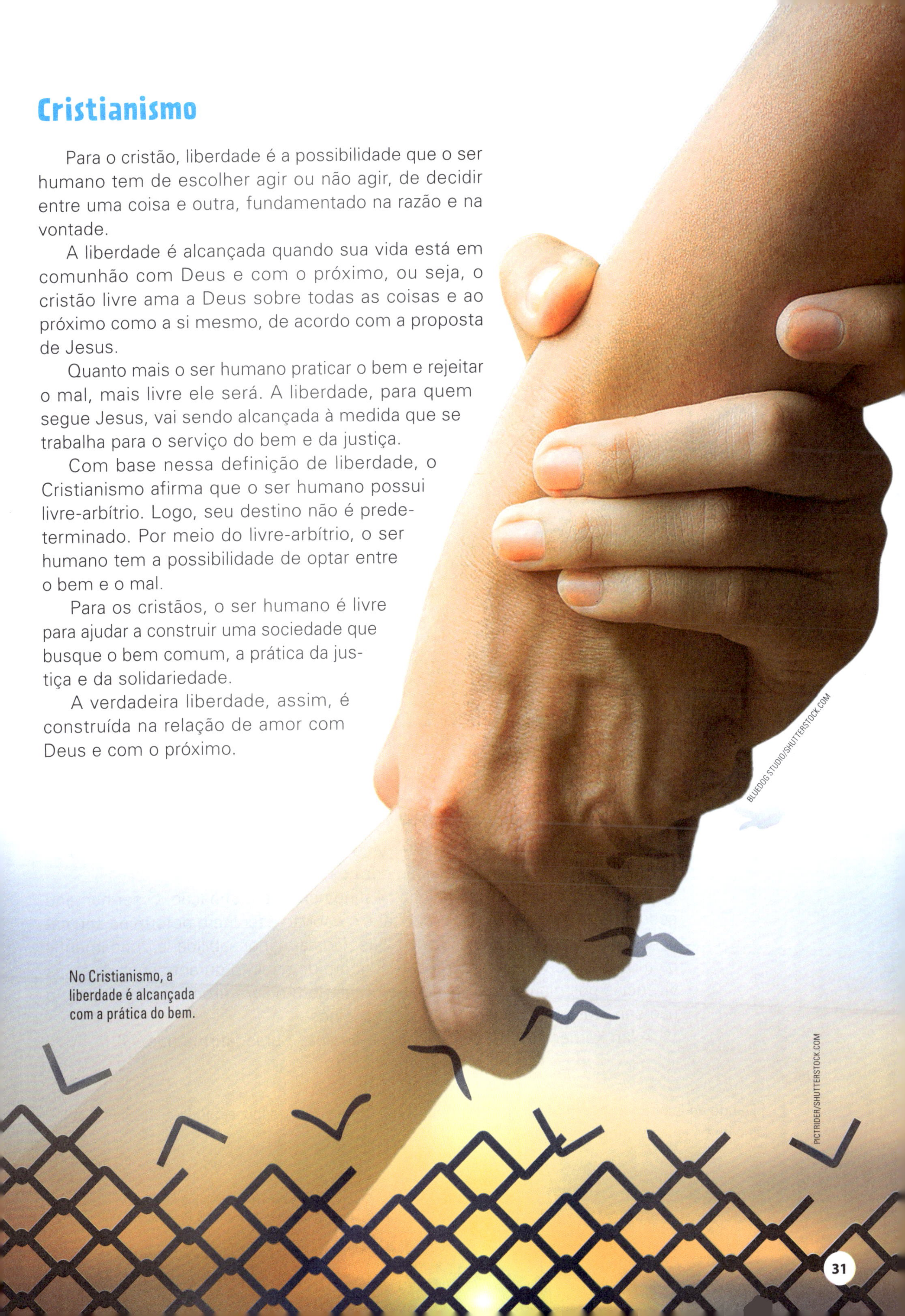

BLUEDOG STUDIO/SHUTTERSTOCK.COM

No Cristianismo, a liberdade é alcançada com a prática do bem.

PICTRIDER/SHUTTERSTOCK.COM

Islamismo

Para os muçulmanos, a liberdade é um bem que não pode ser retirado do ser humano. Ele é responsável por suas ações, e parte dessa responsabilidade vem de seu livre-arbítrio, sem o qual não lhe poderia ser atribuído castigo ou recompensa, uma vez que não teria poder de escolha.

Assim, sem o livre-arbítrio, o ser humano seria uma marionete, incapaz de agir e de fazer escolhas por vontade própria.

MGSTUDYO/ISTOCKPHOTO/GETTY IMAGES

Jovem muçulmano lendo o Corão em mesquita na Turquia.

Segundo a fé islâmica, para que a liberdade alcance maturidade, ela deve ser exercitada com sabedoria e responsabilidade.

É assim que o ser humano se torna realmente livre, pois aprende a exercer o livre-arbítrio de modo que se torne fonte de paz e bem-estar.

Espiritismo

Para o Espiritismo, a liberdade é o instrumento que dá à pessoa o direito de decidir ou agir de acordo com sua vontade. No entanto, não existe liberdade absoluta: ela é relativa à liberdade dos demais. Portanto, o exercício da liberdade se dá sempre na relação com os outros.

Para a doutrina espírita, não há destino nem predestinação. O ser humano possui o livre-arbítrio e, por meio dele, o espírito escolhe e determina seu caminho. A liberdade está vinculada à questão da responsabilidade, fundamental para o desenvolvimento e amadurecimento do espírito durante suas diversas vivências nos planos material e espiritual. Sem o livre-arbítrio, o ser humano não seria responsabilizado por suas escolhas.

Allan Kardec (1804-1869), em uma de suas obras, afirma que:

> [...] Dando ao Espírito a liberdade de escolher, Deus lhe deixa a inteira responsabilidade de seus atos e das consequências que estes tiverem. [...]

KARDEC, Allan. **O livro dos espíritos**: princípios da doutrina espírita. Rio de Janeiro: Federação Espírita Brasileira, 2008. p. 193.

Dimensão libertadora das tradições religiosas

As tradições religiosas não só refletem e apresentam conceitos de liberdade, mas também têm o compromisso e a responsabilidade de transformar o mundo em um lugar mais humano e, portanto, melhor para todos.

As religiões podem ser libertadoras, ou seja, um instrumento de cuidado com a vida em todas as suas formas e um meio para formar homens e mulheres que estejam dispostos a lutar pela vida, pela natureza e contra tudo aquilo que escraviza e oprime o ser humano: injustiça, desigualdade, miséria, egoísmo, violência e todo tipo de mal presente no contexto atual.

No mundo contemporâneo, as tradições religiosas têm o papel de fazer a dimensão libertadora se manifestar na íntima comunhão entre fé, espiritualidade, consciência crítica e ação sociopolítica na realidade.

M SELCUK ONER/SHUTTERSTOCK.COM

No Budismo, a liberdade aparece como uma condição do que você faz, fala e pensa. Na imagem, monge medita em Agkor Wat, um templo budista na cidade de Siem Reap, Camboja.

2 Para diferentes tradições religiosas, o ser humano é responsável por suas escolhas e consequências. Diante disso, descreva como devemos viver o presente para construir um mundo mais livre de destruição ambiental, de fome, de ódio e de preconceito.

____

____

3 Levando em conta o que cada uma das tradições religiosas apresenta como ideal de liberdade, como as religiões contribuem para sociedades mais igualitárias e seres humanos mais livres? Converse com dois colegas sobre isso e, em seguida, partilhem com a turma as conclusões a que chegaram.

4 Considerando o que você aprendeu sobre liberdade e livre-arbítrio para as diferentes tradições religiosas, discuta em grupo os tópicos a seguir.

a) Escolhas dos jovens na realidade atual.

b) Metas de ação para a construção de um futuro melhor.

- Ao final da discussão, elaborem, em uma folha à parte, um breve texto com as conclusões a que chegaram e compartilhem-no com a turma.

ARTE QUE ENCANTA

O conceito, o desejo e a prática da liberdade perpassam todas as dimensões da vida humana e pautam a reflexão e o agir de várias tradições religiosas.

Sendo algo tão importante para os seres humanos, é natural que a liberdade se torne tema de diversas manifestações artísticas.

Observe a seguir a obra do artista visual estadunidense Paul Villinski (1960-), que utiliza materiais do cotidiano que seriam descartados para criar suas obras de arte.

COLEÇÃO PARTICULAR, NOVA YORK

Portrait, de Paul Villinski. 1997. Coleção particular. Nova York.

Portrait: palavra em inglês que significa "retrato".

1. A obra de Paul Villinski combina dois elementos: a cadeira e as asas. Pensando em liberdade, faça uma inferência do que cada um desses elementos pode significar. Registre suas ideias.

____

____

____

____

____

EM GRUPO

Em grupos, criem uma escultura que represente o que vocês consideram liberdade. Utilizem materiais recicláveis do cotidiano. Ao final, criem uma exposição do trabalho de todos os grupos e fotografem as esculturas para a elaboração de um folheto contendo a imagem, o título de cada obra, a descrição dos materiais utilizados e a explicação da criação.

A liberdade também é tema de diversas obras literárias. A escritora Marina Colasanti (1937-) conta a história real da amizade entre o escritor angolano Luandino Vieira e um pássaro durante o período em que Vieira esteve aprisionado. O escritor angolano foi preso por pensar de modo diferente das pessoas que lideravam seu país e por lutar pela independência de sua nação. Leia um trecho da história.

> “
>
> O passarinho não veio naquele dia. Nem no outro. Nem em outro qualquer.
>
> A princípio, o homem quis inventar justificativas. Pensou que havia sido caçado, ou que havia partido para nidificar. Pensou que havia encontrado migalhas mais fartas ou fáceis. Pensou coisas assim, que diminuíssem sua tristeza pela perda do amigo.
>
> Só depois, quando ela [a tristeza] ia quase diminuindo, pensou a coisa mais simples. Que o passarinho tinha seguido seu destino, fosse qual fosse. Um destino que o levava para longe dali. Como o dele, um dia, também o levaria, longe daquele jardim, para sempre longe daqueles muros.
>
> ”

COLASANTI, Marina. **Um amigo para sempre**. São Paulo: FTD, 2017. p. 39-40.

MOUNTAIN BEETLE/SHUTTERSTOCK.COM

2 Releia e interprete em que o último parágrafo do trecho apresentado.

a) Explique a situação em que o personagem se encontra e o que considera “ser livre”.

____

____

____

____

b) Explicite o que motivou o personagem a fazer essas reflexões.

____

____

____

____

____

OS POVOS E O SAGRADO

A liberdade é um dos valores mais importantes para os cristãos. Esta, porém, não deve ser confundida com a expressão "fazer o que quiser", colocando tudo a serviço de si mesmo. Como já vimos, no Cristianismo, ser livre é levar o ser humano a crescer no amor, para colocar-se a serviço do outro.

Leia o trecho da carta de Paulo à comunidade da região da Galácia, na **Ásia Menor**.

Ásia Menor: Região em que os continentes da Ásia e da Europa ficam próximos um do outro, separados apenas por uma faixa de mar. Na Antiguidade, pertencia à Grécia. Hoje, grande parte corresponde à Turquia.

"De fato, irmãos, vocês foram chamados para a liberdade. Mas que a liberdade não sirva de pretexto para a carne. Ao contrário, por meio do amor, ponham-se a serviço uns dos outros. Pois a Lei toda está completa em um único mandamento: "Amar o próximo como a si mesmo". Se vocês se mordem e se devoram uns aos outros, tomem cuidado: irão acabar destruindo-se mutuamente."

GÁLATAS, CAPÍTULO 5, VERSÍCULOS 13-15. *In*: **Bíblia pastoral**.São Paulo: Paulus, 2015. p. 1 424.

STAATSGALERIE, STUTTGART, ALEMANHA

São Paulo na prisão, de Rembrandt. 1627. Óleo sobre tela. 38,1 cm × 33 cm. Staatsgalerie, Stuttgart, Alemanha.

1 Leia este trecho de um discurso do papa Francisco e relacione-o à definição de liberdade cristã do trecho da carta de Paulo aos gálatas.

> [...] Talvez se pense que liberdade seja fazer aquilo que se quer; ou aventurar-se em experiências-limite para experimentar a emoção e vencer o tédio. Esta não é liberdade. Liberdade quer dizer saber refletir sobre aquilo que fazemos, saber avaliar aquilo que é bem e aquilo que é mal, aqueles que são os comportamentos que fazem crescer, quer dizer escolher sempre o bem. Nós somos livres para o bem. [...]

DISCURSO do papa aos alunos de escolas jesuítas. **Canção Nova**, [*S. l.*], 7 jun. 2013. Tradução de Jéssica Marçal. Disponível em: https://noticias.cancaonova.com/especiais/pontificado/francisco/discurso-do-papa-aos-alunos-de-escolas-jesuitas-070613/. Acesso em: 23 fev. 2024.

____

____

____

2 Retome as reflexões feitas durante a seção **Novos horizontes** e verifique se você continua pensando o mesmo ou se reelaborou suas ideias a respeito da liberdade. Sintetize em uma frase.

____

O CUIDADO COM O MUNDO

Como vimos, para muitas tradições religiosas, a liberdade está vinculada ao compromisso com a dignidade humana, ao amor e ao respeito pelo próximo, à busca pela paz interior e pelo bem comum. Essas virtudes devem ser cultivadas por todos que buscam a liberdade.

Agir em favor do semelhante contribui para a construção de um mundo melhor, como o exemplo da jovem Elaine Gomes de Souza, que cresceu na comunidade da Rocinha, na cidade do Rio de Janeiro. Leia a seguir um texto sobre essa comunidade.

Há mais de uma década, o projeto Comunitá Rio ajuda crianças e adolescentes na favela da Rocinha, a maior comunidade da América Latina. O projeto é desenvolvido por Gabriela e Harrison Marques, voluntários da Igreja Adventista do Sétimo Dia. O casal não tem filhos e cuida das crianças e adolescentes como se fossem seus.

[...]

São vários cursos oferecidos. Língua Brasileira de Sinais (Libras), reforço escolar, inglês, musical (violão, violino, flauta doce e canto coral) e esportiva (tchouckball e vôlei). Alguns estudantes que se formam e atingem a idade de 16 anos passam a ajudar como monitores no projeto, e tornam-se mentores dos outros beneficiados.

Outra atividade desenvolvida com juvenis acima de 10 anos é o Clube de Desbravadores, que tem reuniões aos sábados à tarde e domingos. O clube chama-se Comunitá-Rocinha e tem aproximadamente 50 integrantes.

ADLC/SHUTTERSTOCK.COM

A comunidade da Rocinha tem população superior a 90% dos municípios brasileiros.

[...]

Elaine Gomes de Souza, 26 anos, foi aluna do projeto por cerca de 7 anos. Depois começou a ajudar como monitora. Ela é graduada em Relações Humanas e fez dois anos de Libras no Instituto Nacional de Educação de Surdos (Ines).

No entanto, seu coração continua ligado à iniciativa, onde ela dá aulas de Libras aos sábados à tarde há quase 10 anos.

"Agora é a minha vez de ajudar as crianças que estão no projeto, onde um dia eu também fui aluna. Lá eu me apaixonei por Libras e quero fazer uma pós nesta área para ser instrutora. O projeto para mim é uma família, onde encontro amor, carinho, afeto e aperfeiçoamento pessoal e profissional", destacou.

COMUNITÁ Rio: missões na Rocinha. **Comunhão**, Vitória, 11 dez. 2019. Disponível em: https://comunhao.com.br/comunita-rio-missoes-na-rocinha/. Acesso em: 23 fev. 2024.

1. Libras é a Língua Brasileira de Sinais, utilizada pela comunidade surda brasileira para se comunicar. Converse com os colegas e explique a importância de ensinar pessoas ouvintes a se comunicarem em Libras.

2. O trabalho voluntário é muito importante para se combater as desigualdades sociais no Brasil. Pense em um exemplo de trabalho voluntário que poderia ser desempenhado pela turma na comunidade e compartilhe suas ideias com os colegas.

Para conhecer mais exemplos de projetos comunitários no Rio de Janeiro, acesse o *QR Code*.

http://ftd.li/68vbfo

OUTROS OLHARES

Deixar de praticar o mal e praticar o bem é uma das definições de liberdade para tradições religiosas como o Judaísmo e o Cristianismo.

Para algumas correntes do Budismo, a liberdade é um caminho interior na busca da felicidade. Ser livre é libertar-se do que causa dor e sofrimento. Por meio da meditação, a pessoa torna-se capaz de reconhecer impulsos que surgem involuntariamente em sua mente e de decidir entre aceitá-los e rejeitá-los. Leia o depoimento da Monja Coen (1947-) sobre liberdade na perspectiva budista.

"A liberdade existe, mas é condicionada àquilo que você faz, fala e pensa e dará retornos a você e ao mundo. São ensinamentos de Buda de 2.600 anos atrás. Tudo é uma relação de causas, condições e efeitos, mas isso não é um predestino. A sua escolha vai transformar essa trama.

O que é causa de uma coisa pode ser efeito de outra, consequência de uma terceira. As nossas escolhas vão provocar respostas e sempre voltam para nós. O que você jogar no universo vai voltar para você como um *boomerang*. Se você jogar pensamentos perversos, ideias de destruição, de extinção, isso vai voltar na sua direção com a mesma força que você colocou."

[...]

BITTENCOURT, Bruna. A liberdade, segundo a fé. **Gama Revista**, São Paulo, 27 set. 2020. Disponível em: https://gamarevista.uol.com.br/semana/ta-livre/o-que-e-liberdade-para-diferentes-religioes/. Acesso em: 23 fev. 2024.

Para o Judaísmo, Javé permitiu ao ser humano ser livre, desde que não pratique o mal. Esse conceito judaico de liberdade inspirou o conceito cristão.

"Aceitar a Aliança foi uma decisão livre dos filhos de Israel. Eles tinham a liberdade de rejeitá-la. Como se decidiram em favor da Aliança com Deus, até hoje eles carregam essa responsabilidade. Desde então todas as gerações escolheram levar a Aliança adiante. Deus concedeu ao homem uma liberdade de que ele muitas vezes não sabe se mostrar digno. A *Torah* (= a Lei, os cinco livros de Moisés), a ética, o aprendizado, devem ajudá-lo a conviver responsavelmente com esta liberdade. [...] Ele sempre pode voltar para Deus, começar a fazer o bem. Pelo nosso comportamento nós estamos dando aos outros um sinal, estamos louvando ou ofendendo a Deus."

GINZEL, B. Günther. *In*: BURKHARD, Scherer (org.). **As grandes religiões**: temas centrais comparados. Petrópolis: Vozes, 2010. p. 97.

Por que é, entretanto, o ser humano muitas vezes escolhe o mal? Pelo livre-arbítrio, ele é capaz de fazer escolhas, e algumas delas mostram como utiliza a liberdade de maneira prejudicial a ele e à sociedade. Por isso, é possível dizer que existe um bom uso e um mau uso da liberdade.

1. Com base na leitura, compare o sentido de liberdade para a perspectiva budista e para a judaica.

____

____

2 Relacione a concepção de liberdade proposta por Agostinho de Hipona com a perspectiva judaica de liberdade.

3 O quadrinho a seguir propõe uma reflexão sobre a liberdade sob uma perspectiva social. Analise a representação para responder aos itens a seguir.

LAERTE

a) Comente com os colegas de que forma o quadrinho apresenta a questão da liberdade.

b) Explique oralmente a relação entre o quadrinho e a concepção budista de liberdade.

c) Crie, em uma folha à parte, um quadrinho apresentando a noção de liberdade para uma das correntes religiosas estudadas no capítulo.

DIÁLOGOS

A questão da liberdade marcou profundamente a reflexão filosófica desde a Antiguidade até o presente. O filósofo francês Jean-Paul Sartre (1905-1980), por exemplo, refletiu sobre a liberdade humana, afirmando que os seres humanos possuem uma liberdade radical para conduzir a própria vida. Por isso, defendeu que todos devem assumir a responsabilidade por suas escolhas e refletir sobre o impacto de suas ações.

ULLSTEIN BILD/GETTY IMAGES

Jean-Paul Sartre, c. 1953.

ALÉM DA IMAGEM

A adolescência é um período importante na formação individual. Os jovens realizam escolhas e tomam decisões que ajudam a construir sua própria individualidade, exercendo de forma muito intensa a liberdade. Além disso, é um momento importante para o exercício da responsabilidade e da autonomia.

Dessa forma, a adolescência pode ser vista como um momento privilegiado para o exercício da noção de livre-arbítrio, como discutida pelo pensador cristão Santo Agostinho. Ao conciliar liberdade com responsabilidade, os jovens podem procurar seus próprios caminhos para sempre escolher o bem individual e coletivo.

STANISLAVSUKHIN/SHUTTERSTOCK.COM

- Como é possível relacionar a imagem com a experiência cotidiana do exercício do livre-arbítrio? Justifique.

TEIA DO CONHECIMENTO

Neste capítulo, abordamos as definições de liberdade em diferentes tradições religiosas, assim como a responsabilidade pelas escolhas que cada um faz ao longo de sua vida.

Um dos pensadores que analisamos ao longo do capítulo foi Agostinho de Hipona, responsável por aprofundar a reflexão em torno do conceito de livre-arbítrio sob uma perspectiva cristã. Para esse filósofo cristão, existe uma associação profunda entre liberdade e responsabilidade, uma vez que ele entendia que os indivíduos só poderiam manter suas liberdades caso buscassem escolher o bem em **detrimento** do mal.

- Considerando essa questão, siga o roteiro proposto.

Detrimento: prejuízo ou desvantagem.

1 Em grupo, discutam: em sua realidade de vida, o que significa escolher o bem em detrimento do mal?

2 Com base nas ideias discutidas anteriormente, criem um *meme* que explore de forma lúdica as ideias de liberdade e de livre-arbítrio.

3 Com o *meme* pronto, apresentem a criação aos colegas e expliquem a mensagem presente em seu trabalho.

IRYNA IMAGO/SHUTTERSTOCK.COM

Meme que une imagem e texto, reproduzindo uma mensagem comum durante o período de isolamento social pela pandemia de covid-19. Em inglês, o termo "*Keep calm*" significa "Fique calmo", "Acalme-se".

DICA

Meme é uma representação que combina imagens e textos para criar uma situação engraçada. Porém, além do efeito humorístico, o *meme* pode conscientizar o observador a respeito de uma questão relevante.

CAPÍTULO 3

O sagrado e o profano

NOVOS HORIZONTES

Cidade sagrada para as três grandes religiões abraâmicas – Judaísmo, Cristianismo e Islamismo –, Jerusalém foi ocupada e destruída ao longo de 3 mil anos de história. Palco de disputas entre diferentes povos, o território é sagrado, para os cristãos, por ser a terra onde Jesus foi crucificado, morto e sepultado. Para os muçulmanos, por ser a cidade onde o profeta Maomé ascendeu aos céus. Já para os judeus, além de ter sido sede das monarquias judaicas, foi a cidade escolhida para a construção do Templo Sagrado.

Sobre o tema, observe a imagem, converse com os colegas e responda.

a) Quais lugares sagrados você reconhece na imagem? Comente.

b) Com base em seus conhecimentos e com a ajuda do professor e dos colegas, elenque objetos sagrados de diferentes tradições religiosas.

c) O Muro das Lamentações, espaço sagrado do Judaísmo, é um dos principais cartões-postais de Jerusalém. A cada ano, milhares de turistas passam por suas pedras, enquanto judeus, de diferentes lugares do mundo, renovam sua fé diante dessa edificação. Comente, com suas palavras, como deve ser a convivência em um espaço que é sagrado para uns e não é sagrado para outros.

> Uma pedra sagrada nem por isso é menos uma pedra [...]. Para aqueles a cujos olhos uma pedra se revela sagrada, a sua realidade imediata transmuda-se numa realidade sobrenatural.
>
> ELIADE, Mircea. **O sagrado e o profano**: a essência das religiões. São Paulo: Martins Fontes, 2001. p. 13.

TOMASZ BORZYNSKI/MOMEENT/GETTY IMAGES

CONSTRUINDO SABERES

O sagrado e o profano nas sociedades contemporâneas

Vimos na abertura do capítulo uma imagem da cidade de Jerusalém, repleta de lugares sagrados para pessoas de diferentes tradições religiosas. Um dos espaços que aparece na imagem é o Muro das Lamentações, ruínas de parte do Segundo Templo, reconstruído no século VI a.C., quando a Pérsia dominava Israel.

Jerusalém foi incendiada em 70 d.C., a mando do general romano Tito (39-81), e o Segundo Templo foi destruído, restando apenas parte do muro de sustentação. Como esse muro era parcela do complexo do Templo, para os judeus, a santidade permaneceu em suas pedras, de modo que as pessoas, até os dias de hoje, utilizam esse espaço para se comunicar com o Transcendente.

As demais tradições religiosas também têm ambientes específicos para estabelecer essa mesma comunicação, como igrejas, templos, mesquitas, sinagogas, santuários, cachoeiras, grutas, florestas, terreiros, montanhas.

O termo **sagrado** vem do latim *sacratus* ou *sacrum* e diz respeito a tudo o que se relaciona com o Transcendente. Para algumas culturas, **sagrado** significa a manifestação de uma força misteriosa, de uma realidade que não pertence ao mundo profano.

A manifestação do sagrado é designada pela palavra **hierofania**, que é a junção de dois termos gregos: *hierós*, que significa "sagrado", e *fanein*, que significa "manifestação". A hierofania é percebida, visualizada ou vivenciada de diferentes formas ou em diversos âmbitos: na natureza, na história, nas pessoas e nos seus testemunhos, nos pequenos e grandes objetos, no gestual, por meio das palavras, nos ambientes, em algumas regiões e espaços, como grutas, templos e lares.

MSTUDIOG/SHUTTERSTOCK.COM

Centenas de *bar* e *bat mitzvah*, algumas das principais cerimônias do Judaísmo, são celebradas no Muro das Lamentações todos os anos. Na imagem, jovem de 13 anos reza no muro durante sua celebração de Bar Mitzvá.

PEERAPAT LEKKLA/SHUTTERSTOCK.COM

Mulher faz oração enquanto acende incenso em templo budista.

Mesquita de Nabawi, em Medina, Arábia Saudita. Essa é a segunda mesquita mais importante do Islã, onde se encontra o túmulo do profeta Maomé.

Mulher se banha em famosa nascente de águas sagradas no Templo Pura Tirta Empul, Tampaksiring, em Bali, Indonésia, onde os hindus balineses realizam rituais de purificação.

O termo **profano** vem do latim *profanus* e se refere ao que não é sagrado, religioso, ao que não tem a manifestação do sagrado e é, portanto, dessacralizado. No recinto sagrado, o mundo profano é transcendido, quer dizer, vai além de seus próprios limites.

Para alguns, a porta de um templo ou de uma igreja separa o espaço sagrado do profano. Ela é símbolo de uma passagem para um espaço totalmente diferente. Simbolicamente, esse lugar tem uma abertura para que a divindade e o ser humano possam se aproximar.

O ser humano religioso experimenta o sagrado no espaço, no tempo, na natureza e na sua própria existência.

1 Pense em um lugar sagrado. Você pode relembrar por meio da cena de um filme, de fotografias, ou pode ser um espaço que você já tenha frequentado. Descreva a seguir as características desse espaço, ressaltando diferentes detalhes dele. Ao final, partilhe com os colegas a descrição realizada, especificando onde fica esse lugar sagrado e a qual tradição religiosa ele pertence.

Nas tradições religiosas, tudo aquilo que é relacionado ao Transcendente pode se tornar sagrado: objetos, pessoas, imagens, festas, músicas. É possível, por exemplo, distinguir a música sacra da profana, ou uma celebração sagrada, como culto, missa, de uma festa considerada profana, como o Carnaval.

Afirma-se que as experiências do sagrado enfatizam o Transcendente, enquanto as vivências profanas referem-se ao imanente. **Transcendente** quer dizer aquilo que nos ultrapassa, que vai além da realidade sensível, já o termo **imanente** significa tudo aquilo que compõe e faz parte da realidade sensível, do mundo e da história.

A.RICARDO/SHUTTERSTOCK.COM

Desfile de Carnaval no Sambódromo da cidade do Rio de Janeiro (RJ), 2022.

ANDRE CRISPIM/SHUTTERSTOCK.COM

Momento da Eucaristia durante pandemia da covid-19, em missa na cidade de Presidente Prudente (SP), 2021.

Desde a Antiguidade até a Idade Moderna (de 4000 a.C. ao século XVIII), os termos **sagrado** e **profano** delimitavam o que estava ligado às divindades e o que estava relacionado à humanidade, respectivamente.

A partir da Idade Moderna, porém, importantes descobertas científicas e novas tecnologias revolucionaram a visão de mundo. O cientista italiano Galileu Galilei (1564-1642), por exemplo, comprovou que a Terra se movia ao redor do Sol e não era o centro do Universo, como se pensava até então.

Essa e outras descobertas e invenções contribuíram para afirmar a centralidade do ser humano. A partir daí, as concepções sagradas transmitidas pelo Cristianismo europeu, por exemplo, foram convivendo com as concepções científicas, e muitas vezes sendo substituídas por elas, estabelecendo-se uma nova visão de mundo.

Estátua de Galileu Galilei, Galeria Uffizi, Florença, Itália

ILIA BAKSHEEV/SHUTTERSTOCK.COM

AMPLIANDO

Galileu Galilei foi um dos maiores nomes da ciência de todos os tempos. Ele foi um astrônomo, filósofo, matemático e físico de muito destaque. Suas contribuições ajudaram a criar uma forma de entender o Universo.

Para saber mais, acesse o *QR Code*.

http://ftd.li/u92e2x

O desenvolvimento da ciência, da técnica e do racionalismo nas sociedades modernas, sob muitos aspectos, tomou o lugar que a religião, especialmente a cristã, ocupava nas sociedades tradicionais da Idade Média (período da história europeia entre os séculos V e XV). Esse processo na história ocidental teve início com a modernidade e foi chamado de **secularização**, culminando no século XIX com o **secularismo**. Os dois termos têm origem na palavra **século**, que significa "mundo", ou "realidade profana", separada da realidade considerada sagrada.

Entretanto, qual é a diferença entre secularização e secularismo? **Secularização** é um processo de enfraquecimento da religião como aquela que estrutura de maneira exclusiva a vida política e social. **Secularismo** é uma ideologia que expõe os aspectos negativos da secularização, em que a religião se transforma em assunto exclusivamente privado. Nas sociedades modernas, a discussão e a presença da religião e de tudo o que remete ao sagrado foram considerados, por muitos pensadores, como supérfluos e um empecilho ao desenvolvimento humano.

Em decorrência desses processos, os Estados modernos institucionalizam o conceito de **laicidade**. Essa palavra tem origem no termo **laico**, que significa "tudo aquilo que não pertence à esfera religiosa". A **laicidade** designa um Estado não confessional, ou seja, sem uma religião oficial. Dessa forma, os Estados europeus se tornaram laicos, foram se distanciando da Igreja Católica, que viu diminuir seu grande poder de influenciar a sociedade, a política e a economia.

Laico (ou leigo): no sentido religioso, o termo é utilizado em muitas igrejas cristãs para designar os fiéis que não participam da hierarquia religiosa (diáconos, padres, pastores, bispos, chamados genericamente de clero na Igreja Católica).

Assim como a secularização culminou no secularismo, a laicidade chegou ao **laicismo**, movimento ideológico de setores da sociedade e do Estado que rejeitam a influência e o poder da religião em assuntos considerados externos aos das instituições religiosas, como os relacionados à política, à economia e à sociedade.

Ainda estudando a secularização ou a dessacralização (fazer perder ou perder o caráter sagrado) no mundo moderno e contemporâneo, presenciamos o crescimento de dois movimentos antagônicos: o ateísmo e o fundamentalismo.

SAIBA +

A ideia da laicidade do Estado aparece pela primeira vez na França do século XVIII, com os ideais iluministas de liberdade, igualdade e fraternidade que nortearam a Revolução Francesa (1789-1799). O movimento iluminista acreditava na luz interior do ser humano, em oposição à luz divina. Valorizava a razão e o conhecimento científico na condução do mundo, diminuindo a importância da fé e dos demais valores religiosos. Assim, os revolucionários, inspirados por filósofos como Voltaire, Rousseau, Hobbes e Montesquieu, provocaram a separação total entre a Igreja e o Estado.

ACADEMIE DES SCIENCES ET BELLES

Leitura da tragédia de Voltaire "*O órfão da China*" no salão de Madame Geoffrin, de Anicet Charles Gabriel Lemonnier. 1812. Óleo sobre tela. 129,5 cm × 196 cm. Academia de Ciências e Belas-Artes, Rouen, França.

O **ateísmo** surgiu com maior impacto no século XVII, como uma expressão de confiança no pensamento livre e racional, e nas possibilidades de a ciência resolver os problemas sem depender da religião. É um pensamento e uma postura que sugerem a inexistência de deus(es), baseando-se na descrença ou na negação da realidade pós-vida.

O **fundamentalismo** é um movimento que pode se manifestar nos campos da economia e da política, por exemplo, mas, também, na esfera religiosa. Ele diz respeito ao apego aos fundamentos da tradição religiosa e à sua defesa, de forma muito rígida, interpretando-os como verdades absolutas, desconsiderando a existência de diferentes perspectivas.

Os seguidores e fiéis com uma visão fundamentalista afastam a possibilidade de qualquer tipo de diálogo, pois têm uma postura inflexível em relação à sua própria crença. O fundamentalismo os leva, muitas vezes, a atitudes persecutórias e violentas contra quem pensa, crê e vive de maneira diferente da sua.

O termo **fundamentalismo** surgiu a partir da crença na interpretação literal dos textos sagrados e dos dogmas religiosos. Em todas as pesquisas recentes sobre esse fenômeno, as conclusões são a de que a postura fundamentalista é fruto de um sentimento de insegurança e desorientação dos seguidores diante das mudanças provocadas pelas crises do mundo contemporâneo. Por isso, no anseio de não perder suas convicções básicas e na busca por um fundamento que lhes dê segurança, reagem recusando tendências contemporâneas, como o pluralismo religioso, a defesa dos direitos humanos e a visão secular do mundo.

Os fundamentalismos, sejam eles religiosos, políticos ou científicos, colocam em risco direitos e princípios importantes para o exercício da cidadania, para uma convivência pacífica e para o bom funcionamento da sociedade.

Vale dizer ainda que, nesse sentido, muitas sociedades, em longos períodos da história, tiveram a **teocracia** como forma de governo. Em alguns períodos no Egito antigo, por exemplo, líderes políticos, como os faraós, eram considerados divindades. Da Antiguidade até os dias de hoje, encontramos sociedades governadas por líderes religiosos que acabam se configurando, em muitos casos, em regimes totalitários, pois atuam argumentando que cumprem uma vontade divina, de forma que suas leis e ordens não podem ser questionadas ou contrariadas.

Teocracia: sistema de governo que se fundamenta no poder religioso cujo governante é um representante divino.

SIBAPOP UDOMSRI/SHUTTERSTOCK.COM

Os diferentes tipos de fundamentalismo colocam em risco o princípio democrático, a liberdade de consciência, de crença e de culto, além da autonomia de cada sujeito.

Governantes teocratas, caso pertençam a uma tradição religiosa que possua uma escritura sagrada, utilizam-na para justificar suas ações. Nesse modelo de governança, pode não existir tolerância religiosa para os que não seguem a religião oficial.

Mesmo em Estados democráticos, em que há a divisão de poderes entre Legislativo, Executivo e Judiciário, por exemplo, é possível identificar a influência de uma religião ou de crenças religiosas nas decisões que os poderes constituídos devem tomar.

RSOOLL/SHUTTERSTOCK.COM

VKILIKOV/SHUTTERSTOCK.COM

Exemplos da interferência da religião na política são as inscrições *In God We Trust* (cuja tradução livre do inglês é "Em Deus confiamos") nas notas e moedas de dólar estadunidense e "Deus seja louvado" nas cédulas de real, moeda brasileira.

O Brasil é um Estado laico, como está previsto em sua lei maior, a Constituição Federal. Isso significa que o país não tem uma religião oficial, não é confessional, mas tem o dever de garantir o direito de liberdade de expressão, inclusive a religiosa, de todos os cidadãos brasileiros.

2 Com base no texto, associe o conceito à sua melhor definição.

a) Sagrado
b) Profano
c) Transcendente
d) Imanente
e) Secularização
f) Laicidade
g) Ateísmo
h) Fundamentalismo
i) Teocracia

( ) Apego e defesa rígida de fundamentos de uma tradição religiosa, interpretados como verdades absolutas, desconsiderando a existência de diferentes religiões.
( ) Aquilo que ultrapassa, que vai além da realidade sensível.
( ) Manifestação de uma força misteriosa, de uma realidade que não pertence ao mundo profano.
( ) Sistema de governo que se fundamenta no poder religioso, e cujo governante é um representante divino.
( ) Aquilo que faz parte da realidade sensível, do mundo e da história.
( ) Aquilo que não é sagrado.
( ) Designa as características de um Estado não confessional, sem religião oficial.
( ) Pensamento que sugere a inexistência de Deus ou divindades e de uma realidade pós-morte.
( ) Processo de enfraquecimento da religião como aquela que estrutura, de maneira exclusiva, a vida política e social.

ARTE QUE ENCANTA

O processo de secularização também influenciou as manifestações artísticas na passagem da Idade Média para a Idade Moderna.

Durante a Idade Média, longo período da história europeia, entre os séculos V e XV, os artistas se dedicaram bastante aos temas cristãos. A arte inspirava certo temor à condenação divina, e Deus ocupava um lugar central na vida das pessoas.

As imagens, em forma de pintura e escultura, eram muito usadas pela Igreja Católica, com efeitos particularmente significativos sobre a população, que não sabia ler e cujo acesso à doutrina cristã se dava por meio dessas representações. Assim, as obras de arte tinham o intuito também de ensinar preceitos religiosos.

As imagens humanas não eram "naturalizadas", mas representadas com proporções pouco reais, geralmente alongadas e com gesticulação moderada, como no exemplo a seguir.

DINOPH/SHUTTERSTOCK.COM

Cristo em majestade, c. 1100. Afresco ítalo-bizantino. Abadia de Sant'Angelo, Formis, Itália.

1 Observe o afresco ítalo-bizantino que mostra Cristo sentado em um trono. Em seguida, responda.

a) Descreva o que parece significar o gesto que Cristo realiza com o braço direito.

____

____

b) Identifique o que Cristo segura na mão esquerda.

____

2 Com base no texto e nos elementos do afresco, comente com suas palavras o papel da arte cristã durante a Idade Média.

O Renascimento foi um movimento artístico que surgiu na Itália, no século XV, e depois se disseminou por toda a Europa. Foi também um movimento político, econômico e social que coincidiu com o início do processo de secularização nos países europeus, começando a transformar aspectos da fé católica. O ser humano passou a ser considerado o centro e a medida de todas as coisas, em oposição ao período anterior, a Idade Média, centrada em Deus, com o **teocentrismo**.

Esse processo permeou toda a Idade Moderna e teve como características a redefinição dos princípios religiosos com base em uma visão humanista, o questionamento da moral que pautou as relações na Idade Média e o processo de laicização cultural, ou seja, um olhar mais voltado para o humano e menos para o divino.

Nas obras de arte desse período, é possível perceber a ideia de maior aproximação de Deus com sua criação. As pinturas da Capela Sistina, no Vaticano, feitas pelo pintor, escultor, poeta e arquiteto renascentista Michelangelo (1475-1564), que representam Jesus, por exemplo, aproximam-se muito das expressões de um ser humano comum, com reações tipicamente humanas.

GRANGER/IMAGEPLUS

Jesus no afresco **Juízo final**, de Michelangelo. 1508-1512. Capela Sistina, Cidade do Vaticano.

3 Após observar com atenção a obra do italiano Michelangelo, descreva as expressões facial e corporal de Jesus no afresco.

____

____

____

4 Essa obra de arte está em sintonia com o contexto em que foi produzida? Justifique.

____

____

____

OS POVOS E O SAGRADO

Nas diversas tradições religiosas, existe a figura carismática, institucionalizada e representativa do líder espiritual ou religioso. De maneira geral, ele ou ela tem a função de preservar e transmitir os ensinamentos dos textos sagrados e as tradições à comunidade e às gerações futuras.

Além disso, os líderes têm a missão de animar e inspirar todos os seguidores na construção de uma comunidade de fé. Segundo a Bíblia, durante a origem das primeiras comunidades cristãs, o apóstolo Paulo, em uma carta a Timóteo, elenca qualidades que um líder deve ter. Leia o trecho a seguir.

> “
> É certo que se alguém aspira a um cargo de direção está aspirando a uma coisa nobre. É preciso, porém, que o dirigente seja irrepreensível, esposo de uma única mulher, ajuizado, equilibrado, educado, hospitaleiro, capaz de ensinar, não dado à bebida nem briguento, mas indulgente, pacífico e sem interesse por dinheiro. Ele deve ser homem que saiba dirigir bem a própria casa e cujos filhos lhe obedeçam e o respeitem. Pois, se alguém não sabe dirigir bem a própria casa, como poderá dirigir bem a igreja de Deus? Que ele não seja recém-convertido, a fim de que não fique cheio de soberba [...]. Exige-se ainda que ele tenha boa fama entre os de fora, para não cair no descrédito [...].
> ”

PRIMEIRA CARTA A TIMÓTEO, CAPÍTULO 3, VERSÍCULOS 1-7. *In*: **Bíblia de Jerusalém**. São Paulo: Paulus, 2002. p. 2070-2071.

BRIDGEMAN IMAGES/EASYPIX BRASIL

Vitral representando São Timóteo, Neuwiller, França.

- Usando diferentes cores de lápis, faça o que se pede.
  a) Grife as palavras que não conhece. Em seguida, pesquise os significados e registre-os no caderno.
  b) Contorne no texto, com outra cor, dois valores e/ou atitudes que você admira e que devem ser encontrados em quem exerce algum tipo de liderança. Depois, compartilhe com os colegas os motivos de sua escolha.

EM GRUPO

Vamos montar uma linha do tempo digital de diferentes biografias? Em grupo, escolham um líder religioso e pesquisem sua história. Durante a pesquisa, além de imagens que representem diferentes momentos da vida desse líder, selecionem datas importantes de sua trajetória e exemplos de ações voltadas à comunidade que ele lidera ou liderou. Depois, usando um programa de criação/edição e exibição de apresentações gráficas, organizem os dados e as imagens selecionados em uma montagem criativa. Em data previamente estabelecida com o professor, apresentem o resultado da pesquisa aos demais grupos.

DICA

Uma linha do tempo, além de textos, deve conter imagens para ilustrar o que está sendo explicado, de modo a prender a atenção do leitor.

O CUIDADO COM O MUNDO

Nos últimos anos, tem crescido o número de pessoas que não seguem uma tradição religiosa, duvidam ou não acreditam na existência de um ser Transcendente. São os sem religião, ateus, agnósticos ou céticos. No entanto, o fato de não seguirem uma tradição religiosa não está relacionado à falta de virtudes e valores que transformam o mundo para melhor. Em 2022, o Instituto Datafolha revelou que 14% da população brasileira se declara sem religião, um aumento de 6% em relação ao último levantamento, feito em 2010 pelo Censo. Leia o trecho da reportagem a seguir que conta a história de Gabriela, uma jovem que se considera "sem religião", mas não uma pessoa sem fé.

THALESANTONIO/SHUTTERSTOCK.COM

Segundo a doutoranda em Ciências da Religião, Cláudia Ritz, o grupo autodenominado "sem religião" em seu estudo, afirma ter crenças religiosas. "Ser 'sem religião' quer dizer ser desinstitucionalizado.

Eles garantem ter fé e argumentam praticar as próprias crenças de maneira desvinculada das religiões, pois as convicções estão com eles". [...] Além disso, esse grupo pode incorporar elementos de diferentes tradições religiosas, apresentando credos plurais.

A estudante Gabriela Moraes, de 23 anos, se considera "sem religião", mas não sem fé. "A minha família é católica, então acredito em Deus, mas não só nele, possuo outras crenças e sempre fui muito livre em relação a isso, procuro não me prender a apenas uma instituição e seguir cegamente".

Ela conta que já visitou diferentes terreiros e igrejas e não sentiu estranheza em nenhum. "Eu sempre respeitei todas as religiões e tinha a curiosidade de conhecer diferentes templos e culturas, acho que isso me ajudou a chegar à conclusão de que não preciso escolher apenas uma, se me sinto bem em várias".

DIAS, Igor. Número de pessoas sem religião no Brasil tem se mostrado significativo. **Edição do Brasil**, 27 maio 2022. Disponível em: https://edicaodobrasil.com.br/2022/05/27/numero-de-pessoas-sem-religiao-no-brasil-tem-se-mostrado-significativo/. Acesso em: 14 mar. 2024.

1. É possível afirmar que a ausência de uma religião significa, necessariamente, falta de religiosidade? Comente.

2. Explique oralmente de que modo as virtudes vindas de diferentes tradições religiosas podem ajudam a construir um mundo melhor.

Para ler a matéria completa sobre os jovens que se intitulam "sem religião", acesse o *QR Code*.

https://s.ftd.li/SemReligiao

OUTROS OLHARES

O processo de secularização e globalização pelo qual passa o mundo contemporâneo tem produzido efeitos na experiência comunitária da fé e na vivência religiosa institucionalizada, modificando as relações entre o sagrado e o profano na vida cotidiana. Os textos a seguir exploram essa questão e, a partir de dados semelhantes sobre o movimento de secularização e as relações entre sagrado e profano no presente, apresentam visões distintas sobre o tema. O primeiro texto trata de um relatório europeu sobre jovens e a religião naquele continente. Vamos ler!

[...]

Um estudo com os jovens de 16 a 29 anos descobriu que a **República Tcheca** é o país menos religioso na Europa, com 91% deste grupo etário dizendo não ter nenhuma filiação religiosa. Entre 70 e 80% dos jovens adultos na **Estônia**, **Suécia** e nos **Países Baixos** também se classificam como não religiosos.

O país mais religioso é a **Polônia**, onde 17% dos jovens adultos se definem como não religiosos, seguido pela **Lituânia** com 25%.

[...]

Estes números estão publicados no relatório intitulado "**Europe's Young Adults and Religion**" [Os jovens adultos da **Europa** e a religião], de Stephen Bullivant, professor de teologia e sociologia da religião na **St Mary's University**, em **Londres**. Os números se baseiam em dados tirados da **Pesquisa Social Europeia 2014-2016**.

[...]

A tendência da filiação religiosa se repetiu quando se perguntou aos jovens sobre a prática religiosa. Somente na **Polônia**, em **Portugal** e na **Irlanda** mais de 10% dos jovens disseram frequentar cerimônias religiosas pelo menos uma vez por semana.

[...]

Segundo **Bullivant**, muitos jovens europeus "serão batizados e, depois, nunca entrarão numa igreja novamente. As identidades religiosas culturais simplesmente não estão sendo passadas adiante de pais para filhos".

[...]

"O novo cenário padrão é 'sem religião', e os poucos que são religiosos se veem como nadando contra a maré", completou.

SATOSHI-K/E+/GETTY IMAGES

Relatório baseado na Pesquisa Social Europeia, entre os anos de 2014 e 2016, mostra que a maioria dos jovens adultos, na Europa, deixou de se identificar como religiosa e de praticar uma religião.

'O CRISTIANISMO como padrão se foi': a ascensão de uma Europa não cristã. **Instituto Humanitas Unisinos**, São Leopoldo, 23 mar. 2018. Disponível em: https://www.ihu.unisinos.br/espiritualidade/78-noticias/577275-o-cristianismo-como-padrao-se-foi-a-ascensao-de-uma-europa-nao-crista. Acesso em: 23 fev. 2024.

1 Considerando o texto, comente, com suas palavras: Qual é o espaço reservado ao sagrado nas sociedades europeias atualmente?

No texto a seguir, Maria Angélica Martins, socióloga e mestre em Ciências da Religião pela Pontifícia Universidade Católica de Campinas (PUC-Campinas), observa como se dá o processo de secularização na experiência comunitária brasileira.

Li recentemente a opinião do neurocientista Álvaro Machado Dias na *Folha de São Paulo* de que existe um declínio da religião no Ocidente e essa seria a razão do radicalismo moral na política. A tese de Dias realmente encontra muita ressonância da realidade. Contudo, os argumentos em torno do declínio da religião no Brasil devem ser pensados mais detidamente. [...]

[...] Dias baseia seu argumento acerca do declínio da religião no dado demográfico de que, em São Paulo e Rio de Janeiro, os jovens entre 16 e 24 anos sem religião superam os católicos e evangélicos. Contudo, é importante termos em vista que somente uma minoria dos "sem religião" no Brasil são ateus e agnósticos, o que reforça a necessidade de uma nova abordagem para compreender o fenômeno religioso no país. Para o teólogo e cientista da religião Cláudio Ribeiro é preciso considerar as experiências de "dupla" ou "múltipla pertença religiosa" no Brasil, que em geral são ocultadas e por isso pouco avaliadas. É preciso reconhecer que os dados estatísticos, embora sejam importantes para expor a crescente diversificação dos grupos, são insuficientes para uma análise mais completa, visto que, na contemporaneidade, as crenças e práticas são mais significativas do que a pertença formal ou institucional [...].

Deste modo, para uma análise adequada do fenômeno religioso é preciso atentarmos, portanto, às transformações da própria religião a partir dos modos de se experimentar a religião. Isso nos leva, inclusive, à importância de repensar o conceito religião, tarefa esta que a Ciência da Religião tem assumido. A religião é um fenômeno que se situa mais na experiência do sagrado do que na instituição religiosa. [...]

THALESANTONIO/SHUTTERSTOCK.COM

Comemorado na segunda quinta-feira do ano, a lavagem das escadarias do Bonfim é considerada uma das principais manifestações populares da Bahia. Nesse dia, milhares de fiéis se reúnem, em Salvador, para participar de missas e de uma das maiores caminhadas religiosas do estado. Durante o evento, muitas pessoas se revezam para amarrar fitas no gradil da Basílica Santuário Senhor do Bonfim e fazer seus pedidos.

MARTINS, Maria Angélica. A religião está em declínio? **7 Margens**, Lisboa, 11 dez. 2022. Disponível em: https://setemargens.com/a-religiao-esta-em-declinio. Acesso em: 23 fev. 2024.

2 Considerando o texto e a análise que a autora faz dos dados estatísticos, é possível afirmar que existe um declínio do espaço do sagrado nos dias de hoje? Justifique sua resposta.

____

____

____

3 Discuta com os colegas o significado da frase "a religião é um fenômeno que se situa mais na experiência do sagrado do que na instituição religiosa".

ALÉM DA IMAGEM

O mundo contemporâneo vem sendo marcado tanto por processos de secularização das estruturas sociais quanto pelo fortalecimento de movimentos fundamentalistas que defendem interpretações extremamente rígidas das tradições religiosas.

Um dos efeitos do fortalecimento do fundamentalismo é a circulação de ideias preconceituosas contra determinadas tradições religiosas, como acontece com o Islamismo. Não é raro que meios de comunicação, por exemplo, promovam associações incorretas entre essa tradição religiosa e ideias fundamentalistas que são defendidas apenas por grupos minoritários. A imagem a seguir é um exemplo de ação organizada por grupos islâmicos para questionar essas concepções preconceituosas. Observe atentamente e reflita sobre o questionamento.

THILO SCHMUELGEN/REUTERS/FOTOARENA

Na frase que estampa o cartaz, está escrito, em alemão "Amor a todos, ódio a ninguém".

- De que forma o movimento de mulheres islâmicas representado na imagem combate o preconceito religioso contra o Islamismo? Discuta com os colegas.

TEIA DO CONHECIMENTO

Neste capítulo, estudamos as relações entre o profano e o sagrado ao longo da história e no mundo contemporâneo. Um aspecto dessa discussão foi o processo de secularização e de fortalecimento da laicidade em muitos países.

A imagem a seguir é um exemplo disso. Trata-se de um local que passou por um processo de secularização, perdendo seu caráter originalmente sagrado. Uma livraria em Maastricht, Holanda, foi organizada no interior de uma igreja católica do século XIII que deixou de desempenhar a função como local de culto.

SERGIO AZENHA/ALAMY/FOTOARENA

No início do século XXI, uma antiga igreja na Holanda foi reformada e passou a funcionar como livraria.

- Sob a orientação do professor, siga o roteiro proposto e reflita com os colegas sobre a relação entre o profano e o sagrado no mundo contemporâneo.

1. Em dupla, pesquisem no estado em que moram um exemplo de construção que já teve uma função sagrada, mas que agora não funciona mais como um espaço religioso. Selecionem informações sobre o espaço na mídia local e/ou com moradores mais antigos da região.
2. De forma semelhante, pesquisem um exemplo de construção que tinha uma função secular, mas que foi transformada em local sagrado com o passar do tempo.
3. Por meio de ferramentas digitais, como serviço de pesquisa e visualização de mapas e imagens de satélite, obtenham mais informações sobre os espaços selecionados.
4. Por fim, com as informações selecionadas, montem uma apresentação gráfica digital sobre os locais.
5. Em dia previamente estabelecido, compartilhem a apresentação com os demais colegas e, juntos, reflitam sobre as relações entre sagrado e profano na região em que moram.

ESPAÇO DE...

ESCRITA

TRADIÇÕES RELIGIOSAS, O DIREITO À LIBERDADE DE CULTO

Você e os colegas vão discutir neste projeto estratégias que promovam a convivência ética e respeitosa entre as pessoas por meio do reconhecimento do direito à liberdade de consciência, crença ou convicção. No final, vão produzir um texto breve com as principais reflexões para ser publicado nas redes sociais da escola, em uma campanha virtual sobre a importância do direito à liberdade de culto. Vamos lá?

ETAPA 1 A diversidade nos enriquece

- Para colaborar com as reflexões propostas durante seus estudos, assistam ao documentário ***Five* – cinco crianças, cinco religiões, (quase) cinco minutos** (2015. 4min32s), dirigido por Katina Mercadante e produzido por The Mercadantes. Sem diálogos, o curta-metragem acompanha a rotina de cinco crianças, de cinco anos, ao redor do mundo. No filme, a rotina e a vivência da religiosidade dessas crianças se misturam, formando um mosaico de apoio à tolerância religiosa.
- Em grupos, montem um mosaico físico, na sala de aula, com imagens pesquisadas por vocês, que juntas construam uma ideia sobre tolerância e diversidade religiosa, criando uma obra visual. Para isso, organizem-se e sigam o passo a passo que será entregue pelo professor por meio de uma pauta de tarefas.

DICA

Esse documentário pode ser encontrado facilmente na internet. Disponível em: https://vimeo.com/124385005?embedded=true&source=-video_title&owner=4043747. Acesso em: 23 fev. 2024.

https://s.ftd.li/Five

#ParaPensar

Com suas palavras, explique o que há de semelhante e de diferente nas práticas diárias de religiosidade das crianças do documentário.

ETAPA 2 A minha história compõe a pluralidade brasileira

- Para ampliar a reflexão e dar mais repertório para a escrita final, é preciso pensar em como não só as religiões, mas também nossas ações, perpetuam-se nos grupos socioculturais e no quanto a família interfere (ou não) nessa escolha. Afinal, pensar sobre o papel da família nesse trajeto também pode levar a pensamentos sobre como a tolerância religiosa e o respeito ao outro fazem parte dessa herança. Investigue, portanto, em sua história pessoal, como se dá/deu (ou não) a construção da experiência religiosa no contexto familiar. Para isso, em uma folha à parte, procure responder às perguntas a seguir.

- Quem serviu de modelo na construção de sua prática religiosa/ética? Comente como se deu esse processo.
- Que exemplos de pessoas mais velhas foram importantes para o seu exercício de fé/cidadania?
- Que ensinamentos acredita que deva transmitir aos seus descendentes (sobrinhos, filhos, primos mais novos etc.)?

#ParaPensar

Como a minha própria história contribui para a construção do mosaico sociocultural brasileiro?

- Ao final da atividade, exponha a folha com o registro em um varal. Em grupo, troquem informações sobre as descobertas e reflitam sobre a importância da família no seu exercício de fé/cidadania e no desenvolvimento de práticas éticas.

ETAPA 3

- Leiam, juntos, o seguinte fragmento, no qual Maina Kiai, especialista da Organização das Nações Unidas (ONU) em fundamentalismo, afirma que há um crescente aumento da intolerância no mundo.

VILU/SHUTTERSTOCK.COM

O fundamentalismo está alimentando intolerância crescente em todo o mundo, o que representa uma grave ameaça a direitos como liberdade de reunião pacífica e associação, disse o especialista da ONU sobre o tema, Maina Kiai, ao Conselho de Direitos Humanos [...].

"O conceito de fundamentalismo não pode ser limitado à religião. Ele pode e deve ser definido de forma mais ampla, para incluir todos os movimentos e não somente aqueles religiosos que defendem a adesão estrita e literal a um conjunto de crenças ou princípios básicos", disse Kiai. [...]

FUNDAMENTALISMO está alimentando intolerância crescente no mundo todo, diz especialista da ONU. **Nações Unidas Brasil**, Brasília, DF, 6 jul. 2016. Disponível em: https://brasil.un.org/pt-br/73613-fundamentalismo-esta-alimentando-intolerancia-crescente-no-mundo-todo-diz-especialista-da-onu. Acesso em: 23 fev. 2024.

#ParaPensar

Após as vivências nas Etapas 1 e 2, explique oralmente a frase: "O fundamentalismo está alimentando intolerância crescente em todo o mundo".

- Após a leitura, chegou a hora de produzir um texto a ser publicado nas redes sociais da escola que responda às perguntas a seguir.

- Como o fundamentalismo e a intolerância religiosa atingem o cotidiano das pessoas?
- Qual é o papel da religião em um mundo altamente tecnológico e individualista?

- Em grupo, discutam as perguntas e elaborem um texto curto que contenha argumentos que demonstrem o posicionamento de vocês sobre o assunto. Produzam o conteúdo em três momentos, conforme exposto a seguir.
  1. Criem um rascunho do texto que reúna as ideias de todos de maneira clara e organizada.
  2. Tirem fotos do mosaico construído para ilustrar o texto produzido.
  3. Produzam um documento virtual com o texto e a imagem e encaminhem para o professor, de modo a ser publicado digitalmente.

#ParaFechar

- Como o respeito ao que é sagrado para o outro é importante para a vida em sociedade?
- De que maneira suas decisões daqui para a frente vão contribuir para uma sociedade mais tolerante?
- Em que sentido as discussões ampliaram suas ideias sobre os conceitos de fundamentalismo e secularização?
- Que novo aprendizado sobre esses temas foi mais significativo para você?

O QUE APRENDI

Nesta unidade, você questionou, foi questionado, argumentou e foi instigado a aprofundar seu olhar sobre diversos temas.

1 Leia as definições de alguns conceitos aprendidos nesta unidade e complete o diagrama com os termos correspondentes.

1. Diz respeito à crença na interpretação literal de livros sagrados.
2. Pensamento e postura que sugerem a inexistência de deus(es).
3. Ideologia de acordo com a qual a religião deixa de ser assunto do Estado e passa a ser um tema privado.
4. Possibilidade de decidir, escolher, em função da própria vontade.
5. Fusão de diferentes cultos ou doutrinas religiosas.

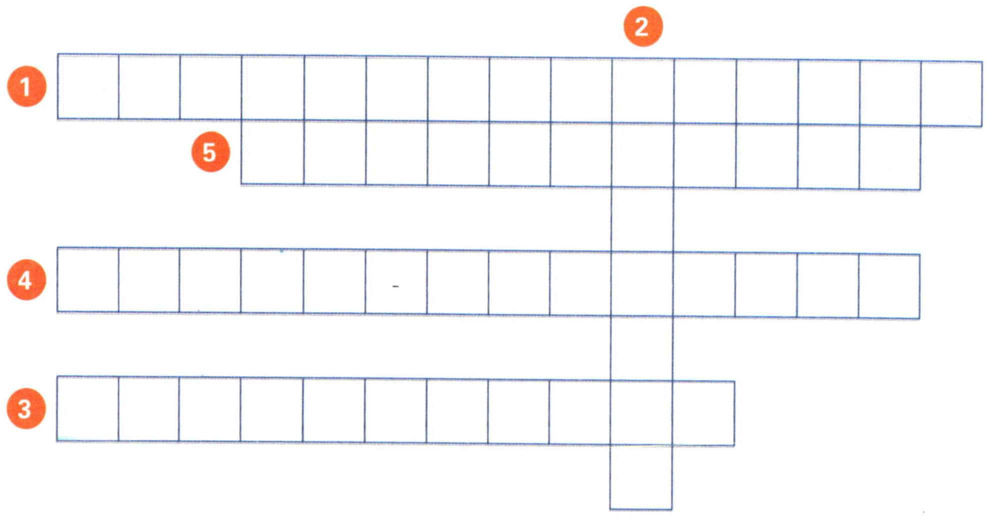

2 Agora, usando as palavras da atividade anterior, elabore um parágrafo resumindo o que você aprendeu nesta unidade.

____

____

____

____

LER

Persépolis, de Marjane Satrapi. São Paulo: Companhia das Letras, 2007.
No formato de história em quadrinhos, o leitor pode acompanhar, pelo olhar da pequena Marjane, toda a trajetória de transformação do Irã em uma teocracia extremamente autoritária.

COMPANHIA DAS LETRAS

O universo religioso

UNIDADE

2

JUSKZ/ISTOCKPHOTO/GETTY IMAGES

Nesta unidade, você vai estudar:

- fé antropológica
- fé religiosa
- sincretismo
- hibridismo
- diversidade das manifestações religiosas

CAPÍTULO 4

O povo expressa sua fé

Ninguém amadurece nem alcança a sua plenitude, isolando-se. Pela sua própria dinâmica, o amor exige uma progressiva abertura, maior capacidade de acolher os outros, numa aventura sem fim, que faz convergir todas as periferias rumo a um sentido pleno de mútua pertença.

PAPA FRANCISCO. Carta encíclica *Fratelli tutti*. **Sobre a fraternidade e a amizade social (FT)**. Roma: Librería Editrice Vaticana, 2020. p. 95.

MEHMET KAMAN/ANADOLU AGENCY/GETTY IMAGES

NOVOS HORIZONTES

O desejo de ajudar é comum, especialmente em situações de catástrofes naturais, guerras e vulnerabilidade social e econômica, quando as pessoas se mobilizam para demonstrar solidariedade. Salvar vidas, oferecer abrigo, cuidados e palavras de conforto são exemplos de ações solidárias. Na imagem, equipe de resgate comemora um salvamento após o terremoto que ocorreu em 2023, na Turquia.

Sobre o tema, observe a imagem, converse com os colegas e responda.

a) Quais são os valores que mobilizam as ações representadas na imagem?

b) O que você entende por "mútua pertença", contido na frase de abertura?

c) Cite motivos que podem levar pessoas a agirem de modo solidário.

CONSTRUINDO SABERES

Fé antropológica e fé religiosa

Existe um nível de fé que todo ser humano tem em si e que não tem sentido religioso. É a **fé antropológica**, que mobiliza a ação das pessoas, de acordo com valores importantes; por exemplo, o respeito aos semelhantes, o espírito de cooperação, a solidariedade, o altruísmo e a busca da paz. Esse tipo de fé não se orienta por valores religiosos, mas permite a realização de projetos que promovem a vida, a dignidade humana, a defesa do meio ambiente, a justiça e a paz.

Conotação: sentido dado a uma palavra ou expressão por meio do contexto.

> A fé antropológica constitui a estrutura de significação do agir humano. Ninguém pode viver sem fé. Todo ser humano tem alguma fé, pois pauta seu agir segundo determinada escala de valores. Fé antropológica não tem **conotação** religiosa. É algo anterior, mais amplo e mais originário. Uma das formas da fé pode ser a fé religiosa e, dentre estas, a fé cristã. Mas não é a única.

TABORDA, Francisco. **Nas fontes da vida cristã**: uma teologia do batismo-crisma. São Paulo: Loyola, 2001. p. 44.

Fé: confiança, crença com esperança em algo ou em alguém.

Antropológica: relativo à Antropologia, área que estuda o ser humano em seu aspecto biológico, social, cultural, religioso e como ele responde às perguntas e aos problemas da vida.

MELITAS/SHUTTERSTOCK.COM

Na incessante busca por respostas e significados para a existência, o ser humano tem de escolher caminhos que deem sentido à sua vida. Como saber, porém, se o caminho escolhido é o correto?

Uma alternativa é conhecer as experiências e escolhas de pessoas que percorreram esse mesmo caminho, pois a busca por respostas acontece também por meio das relações interpessoais, da convivência em sociedade.

Pela fé antropológica, o ser humano dá sentido e propósito à sua vida. Ele tem liberdade de escolha e é responsável por dar significado às opções que faz, assim como às atitudes que tem diante dos fatos e das situações que vivencia. Desse modo, pode avaliar em que momentos sua vida foi mais significativa.

Milhares de pessoas ao redor do mundo dão sentido à vida trabalhando em suas comunidades sem estabelecer vínculo algum com tradições religiosas. Muitas delas dedicam-se a organizações laicas que assistem os mais necessitados, investindo forças na promoção e na defesa dos direitos humanos e na reparação diante de possíveis violações desses direitos.

São exemplos dessas organizações a Agência da ONU para Refugiados (Acnur), o Fundo das Nações Unidas para a Infância (Unicef) e a Médicos Sem Fronteiras (MSF), que já ganhou o prêmio Nobel da Paz por oferecer atendimento médico a pessoas em regiões de conflito e de extrema pobreza.

A fé antropológica se efetiva quando o ser humano vivencia valores humanos universais, superando toda e qualquer forma de preconceito e combatendo situações indignas de vida, como a fome, a violência e a guerra. Ela é a fé no ser humano, no futuro da humanidade e da vida no planeta.

AMPLIANDO

O Fundo das Nações Unidas para a Infância (Unicef) foi fundado em 1946 e é responsável por fornecer recursos humanitários a crianças e adolescentes em situação de vulnerabilidade. No Brasil, desde 1950, as ações do Unicef visam garantir os direitos previstos para a infância, como proteção, saúde, educação e inclusão social.

Para conhecer as ações desenvolvidas pelo Unicef Brasil, acesse o *QR Code*.

http://ftd.li/q2azss

A fé antropológica é fundamentada na história de luta e um de seus desdobramentos é a dedicação das pessoas às causas de justiça e paz. Esses indivíduos testemunham em defesa de valores e princípios que confirmam que suas escolhas tornaram possível um mundo mais solidário.

MÉDICOS SEM FRONTEIRAS

MEDECINS SANS FRONTIERES
MÉDICOS SEM FRONTEIRAS

UNICEF

unicef

ONU

UNHCR
ACNUR
Agência da ONU para Refugiados

MELITAS/SHUTTERSTOCK.COM

CELSO PUPO/SHUTTERSTOCK.COM

Oferecer suporte aos mais vulneráveis da comunidade é uma forma de praticar a fé antropológica. Na imagem, a Central Única das Favelas (Cufa) organizou doação de alimentos no Maracanã (RJ), em parceria com os clubes de futebol.

Ao se sensibilizar com os problemas das demais pessoas e do planeta, o ser humano percebe a fragilidade do outro e a própria vulnerabilidade. Saindo de si, experimenta o valor da vida, pode criar laços fraternos e expandir a própria existência.

As pessoas que acreditam na capacidade humana de construir um mundo solidário, onde as desigualdades e injustiças sejam superadas tanto entre indivíduos quanto entre os povos, colocam em prática atitudes que refletem a fé antropológica. Essa fé representa a dimensão humana da espiritualidade. Aqui, consideramos **espiritualidade** o cultivo da interioridade do ser humano e daquilo que dá sentido à existência. Ela é um modo de ser que impulsiona as pessoas a buscar razões, esperança e vontade de viver. Assim, para aqueles que têm apenas a fé antropológica, como ateus, agnósticos, seguidores de teosofias e filosofias de vida, a espiritualidade assume uma dimensão que se concretiza em gestos e atitudes guiados por valores. Serão estes que permearão sua relação com as demais pessoas e com o mundo.

1. Você conhece pessoas que expressam a fé antropológica? Identifique-as e apresente os valores que elas compartilham.

A **fé religiosa** pressupõe a fé humana, porém, vai além da esfera das relações humanas, adentrando o campo do mistério. Assim, a fé religiosa supõe comunhão com o Transcendente e se estende em comunhão com o outro e com o mundo. Por meio dessa comunhão com o Transcendente, o ser humano se realiza como pessoa e se sente capaz de vivenciar valores como o amor, a paz e a justiça.

Como adesão pessoal ao Transcendente, a fé religiosa envolve o ser humano por inteiro, ou seja, sensibiliza suas dimensões racional, afetiva e social. Assim como a fé antropológica, a fé religiosa é uma expressão da dimensão humana da espiritualidade; entretanto, ela se concretiza na relação com o Transcendente e, geralmente, na vivência com a comunidade de fé.

BIOGRAFIA

ANA CAROLINA FERNANDES/FOLHAPRESS

Dom Mauro Morelli.

Dom Mauro Morelli (1935-2023) foi bispo auxiliar da Arquidiocese de São Paulo e bispo emérito da Diocese de Duque de Caxias, na Baixada Fluminense (Rio de Janeiro). Dedicou-se às causas sociais: lutou contra a desnutrição infantil, desenvolveu e implementou projetos importantes contra a fome. Em 2004, fundou o Instituto Harpia Harpyia, uma agência de defesa e promoção do direito à alimentação e à nutrição, com sede no interior do estado de São Paulo.

Para conhecer mais sobre a trajetória de Dom Mauro Morelli, acesse o *QR Code*.

http://ftd.li/kw2fhi

A fé religiosa está relacionada a uma revelação divina, considerando o sagrado nos valores humanos e em acontecimentos religiosos com explicação transcendental. Ela valoriza a ligação com a existência concreta de testemunhas na história e na experiência do indivíduo.

Segundo o Cristianismo:

> “A fé é a firme garantia do que se espera, a prova do que não se vê.”

HEBREUS, CAPÍTULO 11, VERSÍCULO 1. *In*: **Bíblia pastoral**. São Paulo: Paulus, 2015. p. 1 477.

2 Identifique as tradições religiosas destas pessoas.

JOSE HERNANDEZ CAMERA 51/SHUTTERSTOCK.COM

PICTON/SHUTTERSTOCK.COM

ALTRENDO IMAGES/SHUTTERSTOCK.COM

- Agora, descreva como essas pessoas estão expressando a sua fé.

3 Explicite outras formas de expressar a fé, além da apresentada nas imagens.

Para os judeus, a fé religiosa passa pela experiência de ouvir a voz do Senhor. A palavra **ouvir** é a raiz de **obedecer** (do latim *oboedire*, de *ob* + *audire*, que significa "escutar com atenção"), ou seja, no Judaísmo, a fé é pautada na obediência individual e comunitária aos mandamentos de Javé.

No Islamismo, a fé religiosa tem como marco fundamental a conhecida "profissão de fé", que afirma que todo muçulmano deve reconhecer Alá como único Deus e Maomé como seu profeta.

No Cristianismo, a fé é a adesão pessoal ao Deus revelado plenamente em Jesus Cristo. Essa fé é vivida e expressa de modo comunitário, e as diferentes denominações cristãs a vivenciam de acordo com sua tradição. Para os cristãos católicos, a figura de Maria tornou-se exemplo de fé ao dizer "sim" ao convite de Deus para ser mãe de Jesus, aderindo, desse modo, ao projeto de uma nova humanidade, fundada no amor incondicional a Deus e ao próximo.

Para judeus, muçulmanos e cristãos, Abraão tornou-se referência de fé religiosa, pois ele ouviu o Senhor, obedeceu a Ele, acreditou e confiou Nele.

No Budismo, cada comunidade segue a experiência religiosa de seu mestre. Por isso, as comunidades budistas do Tibete, por exemplo, seguem um caminho diverso das comunidades budistas do Japão.

Observe o quadro, que mostra características dos dois tipos de fé.

FÉ ANTROPOLÓGICA E FÉ RELIGIOSA

Fé antropológica	**Fé religiosa**
• É centrada no ser humano. • Pode se tornar religiosa quando se referir à divindade. • Dá sentido à vida das pessoas. • Tem valores significativos que orientam a existência humana.	• É centrada na experiência de comunhão e adesão ao Transcendente. • Apoia-se em testemunhas humanas. • Manifesta-se com as características próprias de cada tradição religiosa. • Depende de testemunhas referenciais que vivenciam valores em lugares e tempos diversos.

4 Identifique o tipo de fé que se manifesta em cada uma das situações a seguir.

a) Um grupo de amigos organiza campanhas de arrecadação de alimentos, roupas e colchões, trabalhando na preparação do estádio de esportes para acolher centenas de pessoas que tiveram suas casas inundadas pela enchente do rio da cidade.

☐ Fé antropológica. ☐ Fé religiosa.

- Justifique.

___

___

___

- Dê exemplos de grupos e pessoas que manifestam esse tipo de fé.

___

___

___

b) A comunidade religiosa se encontra para celebrar seu ritual semanal.

☐ Fé antropológica. ☐ Fé religiosa.

- Justifique.

___

___

___

- Dê exemplos de pessoas que manifestam esse tipo de fé.

___

___

5 Muitas religiões administram projetos sociais com o objetivo de ajudar pessoas que vivem em condições de vulnerabilidade. As ações desses grupos são guiadas por princípios religiosos. Relacione a fé antropológica com a fé religiosa nos projetos sociais das diversas tradições religiosas.

___

___

___

___

ARTE QUE ENCANTA

É possível encontrar muitos artistas que usaram o tema **fé** como inspiração para suas obras.

Observe a obra do escultor espanhol Luis Salvador Carmona (1708-1767) intitulada ***La fe***. Trata-se do busto de uma mulher coberto por um véu que a impossibilita de enxergar com clareza.

MUSEU DA REAL ACADEMIA DE BELLAS ARTES DE SAN FERNANDO, MADRI

La fe, de Luis Salvador Carmona. 1752-1753. Calcário. 42 cm × 36 cm × 27 cm. Real Academia de Belas-Artes de São Fernando, Madri, Espanha.

1. O que pode representar o véu sobre o rosto da mulher? Justifique sua resposta.

2. Relacione a expressão da mulher com o conceito de fé.

A fé religiosa é um caminho de confiança no Transcendente. No entanto, nem sempre as instituições religiosas são coerentes com a fé que professam e acabam sendo questionadas.

Na Alemanha, no século XVI, o monge agostiniano Martinho Lutero (1483-1546) propôs um debate sobre algumas doutrinas da Igreja Católica com as quais não concordava. Com isso, deu início a um movimento que pretendia reformar o Catolicismo daquela época.

Esse movimento mudou a história da Igreja Cristã, impulsionando o surgimento das Igrejas Protestantes – a primeira delas, a Igreja Luterana –, depois conhecidas como Igrejas Evangélicas.

Nas Igrejas Luteranas, uma das manifestações artísticas que mais chamam a atenção são os vitrais. Um vitral bastante significativo para os luteranos é o que contém o símbolo conhecido como Rosa, Selo ou Brasão de Lutero.

Rosa de Lutero.

3 Pesquise e anote a seguir o significado dos elementos simbólicos presentes na Rosa de Lutero.

Fundo azul

____

____

____

Rosa branca

____

____

____

Coração

____

____

____

Cruz

____

____

____

Anel dourado

____

____

____

OS POVOS E O SAGRADO

Na Bíblia, no Evangelho de Mateus, é narrado um acontecimento envolvendo um oficial romano e Jesus. É importante ressaltar que os judeus tinham aversão aos romanos, uma vez que o Império Romano dominava a Judeia. Entretanto, esse oficial encontra Jesus e demonstra uma fé simples e livre de desconfianças. O mesmo acontece com Jesus: superando preconceitos, sua palavra é portadora de vida e transformação para a vida daqueles que não se apegam a suas frágeis certezas, mas confiam e acreditam na palavra da outra pessoa.

Centurião: oficial responsável por liderar um grupo de cem soldados na milícia romana.

- Observe no texto a seguir o encontro e o diálogo entre Jesus e o **centurião** romano e, em seguida, responda à atividade.

> Quando Jesus entrava em Cafarnaum, aproximou-se dele um centurião, suplicando e dizendo: "Senhor, meu criado está de cama em casa com paralisia e sofre terrivelmente". Jesus lhe disse: "Eu irei, e o curarei". O centurião respondeu: "Senhor, eu não sou digno de que entres sob meu teto. Basta porém que digas uma palavra, e meu criado ficará curado. Porque eu também tenho superiores, e tenho soldados sob meu comando. Quando digo a um 'vá!', ele vai. Quando digo a outro 'venha!', ele vem. E quando digo ao meu criado 'faça isso', ele o faz". Ouvindo isso, Jesus ficou admirado e disse aos que o seguiam: "Eu lhes garanto: Em Israel não encontrei ninguém que tivesse tanta fé. Mas eu lhes digo: Muitos virão do oriente e do ocidente e se assentarão com Abraão, Isaac e Jacó no Reino dos Céus, ao passo que os filhos do Reino serão expulsos para a escuridão. Aí haverá choro e ranger de dentes". Então Jesus disse ao centurião: "Vá, e lhe aconteça como você acreditou". E nessa mesma hora o criado ficou curado.

MATEUS, CAPÍTULO 8, VERSÍCULOS 5-13. *In*: **Bíblia pastoral**. São Paulo: Paulus, 2015. p. 1194-1195.

- Com sua fé, o centurião acreditou na palavra de Jesus. Por que, atualmente, confiar na palavra de outra pessoa pode ser uma grande virtude e, ao mesmo tempo, um desafio? Converse com os colegas e registre a seguir o que foi conversado.

____

____

____

DIÁLOGOS

Atualmente, afirmações de que a fé e a religiosidade afetam o corpo e a mente não causam tanto estranhamento como causavam no passado. A ciência e a medicina concordam que a fé pode ser um elemento importante na manutenção e na recuperação da saúde. Pesquisas nessas áreas apontam que pessoas que têm fé, em geral, mantêm a vida e a saúde com mais equilíbrio e, se ficam doentes, têm mais força de vontade para se recuperar. Algumas pesquisas demonstram, por exemplo, que um estado profundo de meditação pode aliviar a ansiedade e a depressão.

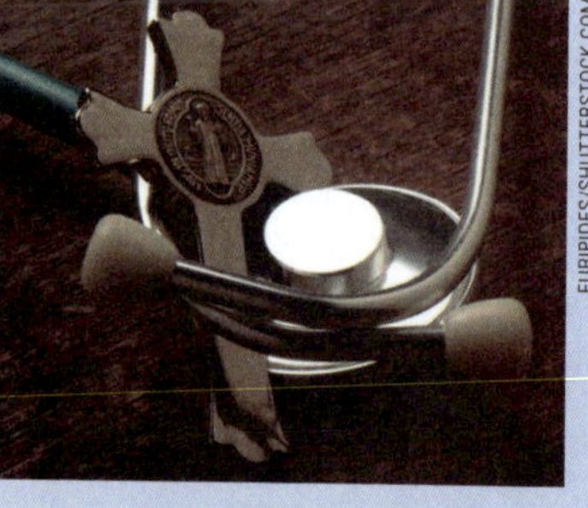

EURIPIDES/SHUTTERSTOCK.COM

O CUIDADO COM O MUNDO

Muitos são os exemplos de pessoas que lutam pelos direitos humanos. Um expoente brasileiro de trabalho contra a fome e a miséria foi Herbert de Souza (1935-1997), sociólogo brasileiro, um dos idealizadores dos projetos Natal sem Fome e Ação da Cidadania contra a Fome, a Miséria e pela Vida.

Mais conhecido como Betinho, o sociólogo Herbert de Souza movimentou o Brasil nas décadas de 1980 e 1990 e deixou palavras e atitudes que até hoje ecoam pelo país. Ele mobilizou o Brasil para a superação da miséria, que sempre assolou milhões de pessoas pelo território nacional.

Dizendo-se ateu, tinha fé no ser humano e a certeza de que, unidos, é possível superar as desigualdades e acabar com a fome.

Leia uma de suas afirmações.

Mudar o país

Nós temos condições de mudar o país. Mas é preciso ter confiança em que essa mudança vai partir de nós. Ela não vai cair do céu. Ela não vai ser feita pelos outros para nós. Ela vai ser feita de nós para os outros. E isso é para mim uma convicção muito profunda. Se a nossa geração, se nós que estamos vivos, ainda decidirmos mudar o país, nós vamos acabar com a fome e com a miséria, nós vamos fazer um país democrático. Eu tenho a absoluta convicção disso. Tem só um "se", e o "se" é você. Se você decidir fazer isso acontecer.

PATRÍCIA SANTOS/FOLHAPRESS

Herbert de Souza foi um dos idealizadores da Ação Cidadania, que, após dez anos atuando no combate à fome, mantinha projetos nas áreas de saúde, educação, cultura e democratização da terra no Brasil.

MEMÓRIAS da ditadura. **Betinho**, [20--]. Disponível em: https://memoriasdaditadura.org.br/personagens/betinho/. Acesso em: 14 mar. 2024.

Para conhecer mais sobre a atuação da Ação Cidadania, acesse o *QR Code*.

http://ftd.li/woswhe

1. Converse com um colega: As ações de Betinho são exemplos de fé religiosa ou antropológica? Justifique sua resposta.

2. Identifique os valores, os ideais e as crenças que moveram Betinho em sua luta por um país melhor. Converse com os colegas sobre o assunto, destacando como, de acordo com ele, é possível mudar a nação.

OUTROS OLHARES

Existem muitas situações concretas em que a fé religiosa pode ser um grande elo entre as pessoas e uma propulsora de transformação da realidade.

Leia, a seguir, duas notícias que mostram como seguidores de diferentes tradições religiosas se organizaram para ajudar os mais desfavorecidos durante a pandemia de covid-19, em 2021.

GOODSTUDIO/SHUTTERSTOCK.COM

Para evitar aglomeração e seguir os protocolos de saúde no combate da Covid-19, a equipe da Asa da Igreja do Jardim São Conrado – em Indaiatuba – deixa uma sacola vazia para os vizinhos e depois de oito dias retorna para coletar os alimentos. A diretora da ASA local, Maria José da Silva, comenta que chegou em uma casa para retirar a sacola e, para sua surpresa, a quantidade de alimentos doados dava para montar quatro cestas básicas. [...]

Para a diretora da ASA, Ana Paula Tanaka leite, fazer o bem para as pessoas é o que Deus espera de seus filhos. "O trabalho é muito vasto e é de todos, não só dos adventistas. Recebemos os dons do Senhor e precisamos colocá-los em prática. Assim ajudamos as pessoas desempregadas e suprimos as suas necessidades", relata Paula. [...]

Segundo o pastor Genival Novaes, diretor da ASA em todo o território sudoeste paulista, só no período da Semana Santa foram arrecadadas 315 toneladas de alimentos. Para Novaes é fundamental que as igrejas continuem ativas neste momento pandêmico na questão da solidariedade.

POLA, Eber. Ação Solidária Adventista entrega alimento aos necessitados. **Igreja Adventista do Sétimo Dia**, São Paulo, 29 abr. 2021. Disponível em: https://noticias.adventistas.org/pt/noticia/comportamento/acao-solidaria-adventista-entrega-comida-aos-necessitados/. Acesso em: 23 fev. 2024.

Todos os dias por volta de oito horas da manhã, Pai Ronaldo sai pelos fundos de sua casa e atravessa um salão repleto de símbolos religiosos nas paredes que não vê cerimônias desde o ano passado, quando eclodiu a pandemia. Em seguida, sobe uma escada de cimento com degraus muito estreitos até um amplo terreiro – com uma saída independente para a rua de trás – onde foi instalada uma pequena cozinha. É ali que prepara diariamente o almoço para uma média de 100 famílias e recebe a vizinhança que busca um prato de comida. [...] A Cozinha Solidária da Brasilândia é mantida principalmente com doações de uma vaquinha virtual e com o trabalho diário de 30 voluntários, que batem às portas de mercados e feirantes para conseguir parte dos insumos. Eles tentam tornar o projeto autossustentável para que sobreviva mesmo após a pandemia.

"Eu nunca cheguei aqui de mãos vazias", orgulha-se Selma Maria da Silva Lima, de 54 anos. [...] Pelo menos uma vez por semana, Selma deixa a casa que aluga por 900 reais no bairro Pirituba e pega a condução para trabalhar na Cozinha Solidária. [...] "Venho com Deus, pedindo ajuda até chegar aqui. Ajudo os outros e sou ajudada também porque levo esta comida para casa", diz ela, que mora com a filha e viu a renda familiar decair com a redução de salário dela durante a pandemia.

JUCÁ, Beatriz. Todos os credos contra a volta da fome no Brasil da pandemia. **El País**, São Paulo, 29 abr. 2021. Disponível em: https://brasil.elpais.com/brasil/2021-04-30/todos-os-credos-contra-a-fome-na-pandemia.html. Acesso em: 23 fev. 2024.

Agora, observe o cartaz de uma campanha organizada pela Conferência Nacional dos Bispos do Brasil (CNBB) e pela Cáritas Brasileira em 2021 com o objetivo de ajudar os mais vulneráveis.

CONFERÊNCIA NACIONAL DOS BISPOS DO BRASIL (CNBB) E CÁRITAS BRASILEIRA

1 Identifique o que há em comum entre as ações organizadas por praticantes de diferentes religiões.

____

____

____

2 Em um contexto de grande vulnerabilidade social como foi a pandemia de covid-19, explique a importância de uma campanha visando ao cuidado com os mais pobres organizada por religiosos.

____

____

____

3 Além das situações descritas no texto e na imagem, quais outras formas de ação podem ser tomadas por instituições ou líderes religiosos para ajudar os mais vulneráveis? Discuta essa questão com os colegas.

ALÉM DA IMAGEM

Muitos episódios de violência e perseguição vêm ocorrendo, de maneira frequente, em várias partes do mundo, tendo como pano de fundo a fé religiosa. Dados de 2022, organizados pela instituição World Watch List, mostram que um a cada sete cristãos no mundo sofre algum tipo de perseguição. Além disso, entre outubro de 2020 e setembro de 2021, mais de 5800 cristãos foram mortos por conta de sua fé.

A imagem a seguir mostra um mosteiro católico na Síria destruído por jihadistas do Estado Islâmico.

LOUAI BESHARA/AFP/GETTY IMAGES

- O que pode ser feito pela sociedade para evitar situações como a mostrada na fotografia?

TEIA DO CONHECIMENTO

Neste capítulo, você teve a oportunidade de refletir sobre o conceito e o papel da fé antropológica e da fé religiosa na realidade do mundo contemporâneo. Além disso, pôde perceber as contradições e os paradoxos que existem no campo da fé, principalmente a religiosa. Um exemplo dessas contradições é a intolerância religiosa, que afeta muitas pessoas no Brasil.

- Como forma de contribuir para a discussão desse problema, siga o roteiro proposto.

1. Organizem-se em grupos e relacionem os conceitos de fé antropológica e fé religiosa às expressões de fé. Em seguida, discutam a importância dos valores próprios da fé antropológica no respeito às crenças religiosas individuais.

2. Pesquisem exemplos de situações marcadas por preconceitos religiosos em reportagens recentes do país e no mundo. Analisem as circunstâncias e discutam estratégias para combater tais situações.

3. Anotem as ideias levantadas pelo grupo e, baseados nelas, elaborem um roteiro para o *podcast*.

4. Com o roteiro pronto, gravem o *podcast* sobre o tema. Explorem, principalmente, a importância do respeito às expressões de fé de todas as pessoas e a luta contra o preconceito religioso, cuja expressão é a intolerância religiosa.

5. A última etapa é reservada à edição do *podcast*. Nesse momento, é possível cortar determinados trechos, garantindo que tenha o tempo estabelecido, e inserir recursos sonoros. Com o material pronto, apresentem o trabalho aos demais colegas em sala de aula.

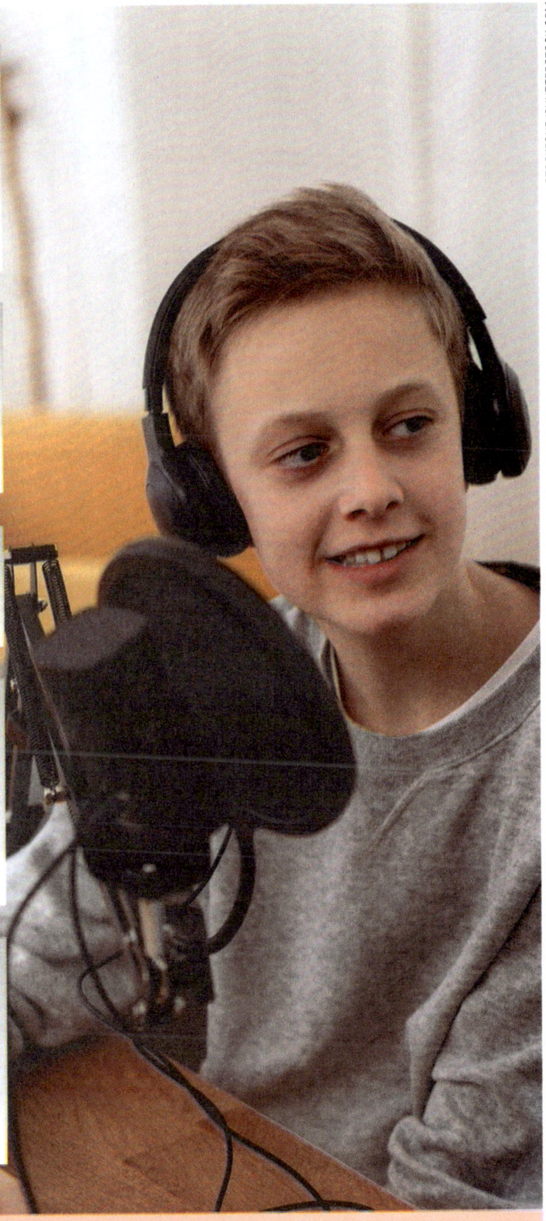

STOCKFOUR/SHUTTERSTOCK.COM

DICA

Lembrem-se de que o gênero *podcast*, além do programa em si, contém uma abertura, vinhetas para enriquecê-lo e um encerramento.

CAPÍTULO 5

Pluralidade religiosa

De todas as liberdades sociais, nenhuma é tão congenial ao homem, e tão nobre, e tão frutificativa, e tão civilizadora, e tão pacífica, e tão filha do evangelho, como a liberdade religiosa.

BARBOSA, Rui. O papa e o concílio. *In*: BRASIL. Ministério da Educação e Cultura. **Obras completas de Rui Barbosa**. Rio de Janeiro: Fundação Casa de Rui Barbosa, 1877. v. 4. t. 1. p. 419.

NOVOS HORIZONTES

A diversidade está presente em nosso dia a dia. Na multiplicidade, encontramos oportunidades de aprendizagem para praticar a empatia, a sociabilidade, a gestão das emoções e a compreensão. Entretanto, ainda existem desafios para o respeito à diversidade.

Sobre o tema, observe a imagem, converse com os colegas e responda.

a) Na imagem, há a reprodução de diferentes símbolos sagrados. Que reflexão essa imagem pode provocar?

b) Que atitudes podem ser tomadas, em nosso dia a dia, para que haja respeito à liberdade religiosa? Justifique.

CONSTRUINDO SABERES

Vivendo a alteridade

Você já parou para pensar na pluralidade presente em nosso cotidiano? Na verdade, ela é a lei da vida. Basta perceber a diversidade de espécies animais, vegetais e minerais, e mesmo de paisagens geográficas.

Os povos e as culturas apresentam uma pluralidade quase **infindável**: diferentes alimentos e jeitos de prepará-los; diversas línguas; ritmos musicais que variam dos mais calmos aos mais agitados, compostos com os mais diferentes instrumentos; diversidade de religiões, com suas propostas sobre a origem do mundo; o sentido da vida e o papel dos seres humanos diante de tudo isso, além da variedade de ritos, mitos e símbolos presentes em cada uma delas.

A diversidade sempre esteve presente nas culturas humanas. Um dos fatores mais significativos para isso foram e continuam sendo os deslocamentos humanos, causados por variados motivos: as guerras e os ambientes geográficos desfavoráveis; a busca de melhores condições de vida e a vontade de conhecer novos lugares; a fuga de perseguição política, religiosa, étnica.

Infindável: que não tem fim; constante.

1. Em dupla, façam uma pesquisa sobre a presença das tradições religiosas nas regiões do Brasil com base em dados estatísticos. Depois, indiquem no quadro uma informação que descobriram sobre cada uma das regiões.

Regiões do Brasil	Informações da pesquisa
Norte	
Nordeste	
Centro-Oeste	
Sudeste	
Sul	

JOÃO PRUDENTE/PULSAR IMAGENS

Nessa imagem, que ilustra o acontecimento bíblico do nascimento de Jesus, é possível identificar elementos regionais. Presépio exposto no Seminário Frei Galvão, em Guaratinguetá (SP), 2022.

A facilidade de comunicação por meio das redes sociais no mundo contemporâneo também contribui para significativas trocas culturais.

Olhando para a identidade religiosa do Brasil, percebemos que ela foi fruto de um longo processo de dominação e imposição, mas, ao mesmo tempo, de **interação** entre diversas culturas.

Interação: influência recíproca; contato; diálogo.

Esse processo se constituiu especialmente por meio da troca de experiências religiosas, inicialmente entre indígenas, europeus e escravizados vindos de diferentes regiões do continente africano e, posteriormente, entre pessoas e grupos vindos dos demais continentes.

Assim, as religiões acabaram se influenciando, gerando novas experiências e expressões de contato com o Transcendente. A esse fenômeno podemos dar o nome de **sincretismo** ou **hibridismo**. Mas o que significam esses dois termos? Observe um exemplo da tradição cristã.

Os cristãos celebram o nascimento de Jesus no dia 25 de dezembro. Contudo, estudiosos do Novo Testamento afirmam que a data do nascimento de Jesus não foi essa. Além disso, o Natal, com caráter cristão, só começou a ser comemorado a partir do século IV.

Você já deve ter ouvido falar do solstício de inverno, data em que ocorre a noite mais longa do ano. No Hemisfério Norte, ele acontece no fim de dezembro. Dessa madrugada em diante, o Sol fica cada vez mais tempo no céu, até a chegada do verão. Pode-se dizer que é o "renascimento" do Sol e um tempo de esperança para os agricultores, que necessitam da luz solar para uma boa colheita. O período era celebrado com muita festa e culto às divindades.

O culto a Mitra, divindade da luz, praticado durante o Império Romano, difundiu-se pela Europa desde o século IV a.C., a partir das conquistas de Alexandre, o Grande. Os soldados romanos eram devotos dessa divindade, e seu culto era intensificado entre os dias 21 e 25 de dezembro.

Quando o Cristianismo se tornou **hegemônico** no Império Romano, os costumes e rituais dedicados a Mitra foram incorporados pela tradição religiosa cristã, como a reunião de amigos e familiares, a troca de presentes, muita alegria, e Jesus foi colocado no centro das celebrações: assim como o Sol sem fim, "nos visita o Sol que nasce do Alto" (Lucas 1,78b), o menino Deus "armou tenda entre nós" (João 1,14a).

A esse fenômeno, em que determinada expressão religiosa entra em contato com outra, de modo a ocorrer uma mescla de elementos de ambas as tradições, dá-se o nome de **sincretismo**.

Hegemônico: preponderante, que se sobrepõe aos demais.

2. Sintetize a ideia principal do texto que você leu.

___

___

___

___

___

No contexto brasileiro, os indígenas, primeiros habitantes destas terras, entraram em contato com cristãos católicos portugueses e, mais tarde, essas duas culturas beberam da riqueza cultural e religiosa trazida pelos africanos. Tal combinação originou o sincretismo, resultando na diversidade religiosa do país.

Ao longo da história, outras expressões religiosas passaram a compor o quadro cultural e religioso brasileiro, enriquecendo-o ainda mais.

Já a presença de culturas que existiam separadamente e que, em dado momento, se mesclam em um determinado espaço, gerando novas estruturas e práticas, costuma ser definida como **hibridismo**. Um exemplo, no Brasil, é a Umbanda, que reúne elementos do Espiritismo kardecista, do Catolicismo e de religiões de matrizes indígena e africana.

Outro exemplo de hibridismo é a religião Cao Dai, fundada em 1926, no Vietnã, que se apropriou do modelo de organização da Igreja Católica, com um papa, cardeais e bispos. Suas doutrinas são uma combinação de Budismo, Taoísmo e moralidade confucionista. Essa religião tem sessões espíritas com médiuns e práticas do Espiritismo de Allan Kardec, da França. Seus heróis incluem Jesus, Maomé, Joana D'Arc e Victor Hugo.

MAY_LANA/SHUTTERSTOCK.COM

Cerimônia em templo Cao Dai, no Vietnã. Foto de 2019.

Em síntese, o hibridismo é um processo em que se misturam significações religiosas e visões de mundo de forma dinâmica. Culturas distantes se entrelaçam, por meio de encontros múltiplos, em um mesmo tempo e espaço, e se expandem em uma nova cultura.

Reconhecer o valor da pluralidade cultural religiosa e a presença dos fenômenos do sincretismo e do hibridismo é valorizar nossa história e abrir caminhos para o diálogo inter-religioso. O diálogo acontece quando, considerando a própria experiência religiosa, a pessoa reconhece e respeita a experiência religiosa do outro.

Agir dessa forma é valorizar a **alteridade**, ou seja, respeitar o outro reconhecendo sua dignidade e o direito que ele tem de fazer suas próprias escolhas. A discriminação, o preconceito e a intolerância nascem do não reconhecimento da alteridade, quando a pessoa deseja que o outro – indivíduo, grupo ou religião – seja exatamente igual a ela.

Alteridade: refere-se ao conjunto de características que tornam o outro diverso de mim e de todas as demais pessoas; aquilo que o torna singular e único em relação ao eu.

AMPLIANDO

Alteridade e **empatia** são conceitos utilizados como sinônimos, mas têm significados diferentes. A empatia é a capacidade de se colocar no lugar do outro, de compreender o estado emocional e os sentimentos do outro, compartilhando da sua perspectiva. Já a alteridade é a capacidade do reconhecimento das diferenças e, como consequência, o respeito às múltiplas formas de existir.

Para saber mais sobre a alteridade sendo aplicada, acesse o *QR Code*.

http://ftd.li/xcdqio

Ainda que a Constituição garanta a liberdade de crença, aumentaram no país os atos de intolerância religiosa, principalmente contra as religiões de matriz africana.

Para compreender essa violência contra a religião, é preciso entender o racismo como traço da exploração colonial, por meio da escravização de africanos e seus descendentes. A violência contra o povo negro e suas religiões continua na estrutura econômica e política da sociedade brasileira.

Um grande líder religioso do nosso tempo, o papa Francisco (1936-), em visita ao Sri Lanka, país do continente asiático, ressaltou que o diálogo é essencial para que as religiões se conheçam e possam conviver e se respeitar.

[...] É certo que esse diálogo fará ressaltar como são diferentes as nossas crenças, tradições e práticas; mas, se formos honestos ao apresentar as nossas convicções, seremos capazes de ver mais claramente aquilo que temos em comum e abrir-se-ão novos caminhos para a mútua estima e cooperação e, seguramente, para a amizade.

[...] Espero que a cooperação **inter-religiosa** e **ecumênica** prove que os homens e as mulheres não têm de esquecer a própria identidade, tanto étnica como religiosa, para viverem em harmonia com os seus irmãos e irmãs.

Ecumênico: relativo ao movimento de abertura e união entre as diversas igrejas cristãs.
Inter-religioso: entre tradições religiosas diferentes. A cooperação inter-religiosa refere-se à união em torno de valores comuns, sem excluir as diferenças e o direito à liberdade e à opção religiosa.

CHAMILA KARUNARATHNE/ANADOLU AGENCY/GETTY IMAGES

Em encontro no Sri Lanka, em 2015, o papa Francisco defendeu o diálogo entre as tradições religiosas e destacou que as crenças religiosas jamais devem ser usadas para justificar violência ou guerra. Na imagem, o líder hindu Kurukkal SivaSri T. Mahadeva presenteia o papa com um sari.

A SANTA SÉ. **Encontro inter-religioso e ecumênico no Sri Lanka**: discurso do Santo Padre. Colombo, 13 jan. 2015. Disponível em: https://www.vatican.va/content/francesco/pt/speeches/2015/january/documents/papa-francesco_20150113_srilanka-filippine-incontro-interreligioso.html. Acesso em: 23 fev. 2024.

3 Pesquise, na internet, em jornais ou revistas, um caso de convivência harmônica entre pessoas de religiões diferentes e crie a seguir uma história em quadrinhos com base na pesquisa.

ARTE QUE ENCANTA

A cultura brasileira é muito rica e diversa. Formada por diferentes culturas, especialmente as europeias, indígenas e africanas, a diversidade brasileira se manifesta em múltiplas práticas culturais, como as artísticas e as religiosas. Um exemplo dessa diversidade é a Festa do Bonfim, que acontece no mês de janeiro em Salvador, na Bahia.

A Festa do Bonfim é uma festa católica que homenageia Jesus crucificado, também chamado de Senhor do Bonfim. O culto teve início em 1745 e era praticado pela irmandade portuguesa Devoção de Nosso Senhor Bom Jesus do Bonfim. Com o tempo, o culto passou a ganhar fiéis de diversas partes de Salvador e de outras cidades do Recôncavo Baiano. Esse encontro de pessoas e culturas resultou na manifestação religiosa e cultural chamada Lavagem do Bonfim.

Durante a Lavagem do Bonfim, ocorre um cortejo que culmina na Igreja Nosso Senhor do Bonfim, onde mulheres baianas lavam a escadaria do local com água perfumada com flores e ervas. Essa prática é associada a religiões e crenças de matriz africana e é um exemplo do sincretismo religioso que compõe a riqueza cultural brasileira.

A Lavagem do Bonfim é retratada em diferentes obras de arte brasileiras. Observe a pintura **Lavagem da escadaria da Igreja de Nosso Senhor do Bonfim**, de Ana Pinho.

ANA PINHO/GALERIA UM LUGAR AO SOL

Lavagem da escadaria da Igreja de Nosso Senhor do Bonfim, de Ana Pinho, 2022.

1 Na pintura, é possível identificar elementos que retratam o sincretismo presente na Festa do Bonfim. Cite esses elementos e explique por que são exemplos de sincretismo.

A seguir, leia trechos de canções que demonstram a relação da população com essa festividade.

Para conhecer mais sobre a Festa do Senhor do Bonfim, acesse o *QR Code*.

https://s.ftd.li/SenhordoBonfim

> **Ilha de Maré**
>
> Com água, flores e perfumes
> A escada da colina eu lavei
> [...]

LIMA, Walmir. Ilha de maré. Intérprete: Mariene de Castro. *In*: CASTRO, Mariene de. **Abre caminho**. São Paulo: Eldorado, 2005. Faixa 2. Disponível em: https://www.letras.mus.br/mariene-de-castro/633164/. Acesso em: 23 fev. 2024.

> **Lavagem do Bonfim**
>
> Lembra bem dos degraus da igreja
> Guarda um pouco de suor pra que seja
> Misturado às águas e às magoas de lavar o chão
> [...]

GIL, Gilberto. Lavagem do Bonfim. Intérprete: Gal Costa. *In*: COSTA, Gal. **O sorriso do gato de Alice**. [*S. l.*]: RCA Records, 1993. Faixa 8. Disponível em: https://www.letras.mus.br/gilberto-gil/585109/. Acesso em: 23 fev. 2024.

Essas canções, em ritmo de samba, são alegres e celebram a diversidade religiosa brasileira.

2 Identifique os elementos do sincretismo citados nas letras das canções.

3 Qual é a importância de a arte celebrar a diversidade religiosa? Justifique sua resposta.

OS POVOS E O SAGRADO

O Cristianismo sofreu muitas divisões ao longo da história. Por outro lado, diante dessas divisões, não faltaram iniciativas para que as diversas igrejas cristãs que surgiram encontrassem um espaço de diálogo e, ao mesmo tempo, várias ações comuns perante os problemas da realidade brasileira.

O próprio Jesus, no Evangelho de João, explicita o desejo de unidade entre seus seguidores e discípulos.

> Eu não te peço apenas em favor deles, mas em favor também daqueles que vão acreditar em mim por meio da palavra deles, para que todos sejam um, como tu, Pai, estás em mim e eu em ti; para que também eles estejam em nós, a fim de que o mundo acredite que tu me enviaste. Eu lhes tenho dado a glória que tu me deste, para que eles sejam um, como nós somos um. Eu neles e tu em mim, para que sejam aperfeiçoados na unidade, e para que o mundo reconheça que tu me enviaste e que amaste a eles, como amaste a mim.

JOÃO, CAPÍTULO 17, VERSÍCULOS 20-23. *In*: **Bíblia pastoral**. São Paulo: Paulus, 2015. p. 1 318.

BASÍLICA DE SÃO VICENTE, ÁVILA.

Pintura que retrata a visão de São João Evangelista na Ilha de Patmos, de artista desconhecido. Século XVII. Basílica de São Vicente, Ávila, Espanha.

- Relacione o texto do Evangelho lido com a seguinte afirmação do papa Francisco.

> [...] No seu discurso Francisco salientou as figuras de Pedro e Paulo, discípulos e apóstolos de Jesus Cristo que serviram ao Senhor, disse, com estilos diferentes e de maneira diferente e no entanto, apesar de suas diferenças, ambos deram testemunho do amor misericordioso de Deus Pai do qual cada um deles, à sua maneira, teve profunda experiência, ao ponto de oferecer em sacrifício a própria vida, tornando-se assim sinal de unidade na diversidade.

PAPA aos ortodoxos: Pedro e Paulo, sinal de unidade na diversidade. **Rádio Vaticano**. Cidade do Vaticano, 27 jun. 2017. Disponível em: http://www.archivioradiovaticana.va/storico/2017/06/27/papa_aos_ortodoxos_pedro_e_paulo_sinal_de_unidade_na_diversidade/pt-1321704. Acesso em: 23 fev. 2024.

O CUIDADO COM O MUNDO

Nossas ações e atitudes podem trazer acolhimento, conforto e amenizar o sofrimento daqueles que precisam. No entanto, ainda existem outras maneiras de tocar a vida do próximo. Leia a matéria a seguir, que relata como o pastor Kleber Lucas ajudou a colocar a música *gospel* em um cenário que transpassa os muros das Igrejas.

Em dezembro, Caetano Veloso surpreendeu muitos com uma parceria com o pastor e cantor Kleber Lucas. Juntos, lançaram o single "Deus cuida de mim", no qual falam de fé e proteção divina. Este é apenas um dos recentes exemplos em que a música cristã e o *mainstream* se encontraram e colocaram artistas evangélicos no foco.

– Com esse intercâmbio, a música gospel é tratada como arte, cultura. Conheci o Caetano e fui descobrindo o quanto a música dele influencia a minha trajetória e como eu gostaria que meu público, o evangélico, ouvisse uma produção gospel pelo olhar de um outro segmento social – diz Kleber Lucas [...].

Joêzer Mendonça, professor da PUC-PR e autor do livro "Música e religião na era do pop", acredita que, com o tempo, o gospel passará a ser cada vez mais integrado à cultura nacional, como acontece nos EUA, e não visto como um segmento separado:

– Há uns anos, o Congresso Nacional reconheceu a música gospel como manifestação cultural passível de concorrer a certos benefícios de políticas públicas de incentivo à cultura. Com isso, teve quem questionasse se a música gospel é de fato música nacional, com suas formas religiosas e derivações de países estrangeiros. Isso aconteceu com o rock quando apareceu aqui, mas nos anos 1980 já não era uma discussão relevante. O mesmo acontece com o gospel nacional.

Ele destaca ainda que o gospel no Brasil tem uma particularidade. Enquanto, nos Estados Unidos, o estilo segue uma sonoridade bem específica, aqui, engloba diversos gêneros, como sertanejo, funk e forró gospel. [...]

C FLANIGAN/GETTY IMAGES

Kleber Lucas, durante o 14º Prêmio Grammy Latino, em 2013, Las Vegas, Nevada, Estados Unidos. Nessa reconhecida premiação internacional, organizada pela Academia Latina da Gravação, o pastor ganhou o prêmio de Melhor álbum de música cristã em Língua Portuguesa.

TEIXEIRA, Mari. Parceria com Caetano, posse de Lula: o gospel está entre os 25 gêneros musicais mais ouvidos no país. **O Globo**. [*S. l.*], 6 jan. 2023. Disponível em: https://oglobo.globo.com/cultura/musica/noticia/2023/01/depois-do-sucesso-da-parceria-entre-caetano-e-kleber-lucas-pode-o-gospel-furar-a-bolha-das-igrejas-entenda.ghtml. Acesso em: 23 fev. 2024.

Para conhecer a música gravada com a parceria entre Caetano Veloso e o pastor Kleber Lucas, acesse o *QR Code*.

http://ftd.li/99xrr5

1 Explique, segundo o texto, a importância do encontro entre o pastor Kleber Lucas e o cantor Caetano Veloso.

2 Comente o papel ocupado pela música *gospel* na cultura brasileira, de acordo com o texto.

3 Selecione outras manifestações artísticas que transmitem mensagens religiosas em sua comunidade e discuta essa questão com os colegas.

OUTROS OLHARES

O Brasil é palco de uma pluralidade cultural e religiosa muito rica. Como já vimos, essa diversidade é uma característica que permeia o comportamento religioso do brasileiro desde a colonização.

Os textos a seguir descrevem exemplos de situações nas quais indivíduos assimilam elementos religiosos de diferentes tradições, expressando práticas de espiritualidade múltiplas e plurais.

A mistura de elementos de religiões atravessa séculos de história no País, tem a capacidade de revelar ângulos novos da história das manifestações de fé por meio do trabalho de pesquisadores e está mais presente na sociedade do que se imagina. No entendimento da professora Taissa Tavernard de Luca, 44 anos, do PPGCR [Programa de Pós-graduação em Ciências da Religião] da Universidade do Estado do Pará (Uepa), doutora em Ciências Sociais – ênfase em Antropologia pela UFPA –, essa relação entre as religiões é salutar.

[...]

Há casos de pessoas que optam por uma religião, mas possuem em seu imaginário a crença em elementos de outras. "Eu tive oportunidade de conviver com um casal de evangélicos que tinham uma pequena mercearia de bairro chamada 'Deus é quem guia', mas na porta da mesma tinha plantado um 'pé de dinheiro em penca' e um pé de 'comigo-ninguém-pode'. A primeira é uma planta usada pelas populações amazônicas para atrair bons rendimentos e a segunda como de proteção de porta", acrescenta.

ROCHA, Eduardo. Sincretismo religioso revela troca cultural entre religiões. **O Liberal**. Americana, 24 abr. 2022. Disponível em: https://www.oliberal.com/belem/sincretismo-religioso-revela-troca-cultural-entre-religioes-1.526423. Acesso em: 23 fev. 2024.

[...] Jeová Lopes foi um dos romeiros que, mesmo não sendo católico, cumpriu a procissão segurando, durante todo o percurso, a corda, em forma de promessa à Nossa Senhora de Nazaré.

O marabaense, de 32 anos, é pertencente e praticante da Umbanda, religião brasileira resultante da mistura de elementos de religiões africanas, indígenas, orientais e europeias (catolicismo e espiritismo kardecista), e todos os anos, desde o nascimento de sua filha em 2015, se compromete em ir descalço acompanhando a berlinda e agarrado à corrente de fé que marca o Círio de Nazaré.

Se destacando em meio ao mar de devotos, em que 90% é praticante do catolicismo, ao contrário do que se parece, o umbandista não fugia de sua doutrina. [...]

Apesar da singularidade de sua participação devido à distinção de cultos, sua narrativa não é incomum, assim como muitos outros peregrinos marabaenses, sua finalidade era manifestar sua gratidão pela vida de sua filha de sete anos. Em resumo, Jeová é um pai apaixonado e um devoto intenso, acima de qualquer outra coisa que se faça divergente.

SEGURANDO a corda, umbandista revela sincretismo do Círio. **Correio de Carajás**. Carajás, 17 out. 2022. Disponível em: https://correiodecarajas.com.br/segurando-a-corda-umbandista-revela-sincretismo-do-cirio/. Acesso em: 23 fev. 2024.

Quarenta e oito anos atrás começava a devoção da família Moura aos irmãos São Cosme e Damião. Com a chegada da filha caçula de dona Enedina, Giane, nascia em Corumbá a tradição que passou de avó para filha e chegou ao neto aqui em Campo Grande.

Hoje com 75 anos e aposentada, Enedina Flores de Moura volta no tempo para contar como conheceu os santos. Grávida, ela já havia perdido outros dois bebês em um só ano e precisou ficar os nove meses de repouso absoluto.

[...]

Ainda na maternidade, mãe e filha receberam visitas que fizeram a associação entre o nascimento de Giane e o dia de São Cosme e Damião. "Uma amiga veio me visitar e me disse: 'ela nasceu protegida', daí em diante comecei a conhecer Cosme e Damião", narra.

[...] Enedina não tinha tempo para distribuir as sacolinhas, mas comprava e preparava com toda devoção. Quem entregava era sua líder espiritual, dona Antônia. Isso porque Enedina que é católica também frequentava o centro espírita.

"Toda vida eu fiz e dei pra ela entregar. Minhas filhas foram muito protegidas espiritualmente. Eu sou apaixonada por Cosme e Damião. Giane nunca internou, ela é muita abençoada", atribui.

MASSIMO TODARO/SHUTTERSTOCK.COM

Escultura de São Cosme e São Damião, em Taranto, Puglia, Itália.

MACIULEVICIUS, Paulinha. Do Catolicismo ao Candomblé, São Cosme e Damião é tradição que passou de avó para neto. **G1**. Campo Grande, 26 set. 2021. Disponível em: https://g1.globo.com/ms/mato-grosso-do-sul/noticia/2021/09/26/do-catolicismo-ao-candomble-sao-cosme-e-damiao-e-tradicao-que-passou-de-avo-para-neto.ghtml. Acesso em: 23 fev. 2024.

1. Com base nos relatos, explique por que o sincretismo religioso é uma característica muito importante da sociedade brasileira.

2. Os três relatos apresentam exemplos de práticas de religiosidade mobilizadas pelas pessoas para a resolução de problemas e questões cotidianas. Identifique esses exemplos.

3. Discuta com os colegas outros exemplos de práticas comuns em sua comunidade que expressem o sincretismo da sociedade brasileira.

ALÉM DA IMAGEM

Sem perder a identidade e em vista do bem comum, as tradições religiosas têm se unido para realizar projetos e ações cujo objetivo é fazer do mundo um lugar melhor para todas as pessoas.

A imagem a seguir mostra o encontro entre o papa e diversas autoridades religiosas durante o evento **Fé e ciência: rumo à COP26**, celebrado no Vaticano em 2021. Nessa imagem, ao lado direito do papa Francisco, está o grão imame de al-Azhar, Ahmed el-Tayeb, uma importante liderança da religião islâmica.

ALESSANDRO DI MEO/POOL/AFP/GETTY IMAGES

Papa Francisco discursa ao lado do grão imame de al-Azhar e outros líderes religiosos, durante o encontro "Fé e Ciência: Rumo à COP26", Vaticano, 2021.

- Esse tipo de encontro inter-religioso pode ser uma ferramenta de combate à intolerância religiosa e para a construção da paz no mundo? Explique seu posicionamento.

TEIA DO CONHECIMENTO

Ao percorrer todos os temas deste capítulo, você teve a oportunidade de refletir e se posicionar sobre sincretismo, hibridismo, ecumenismo e diálogo inter-religioso. Mais que teorias, essas palavras traduzem ações muito presentes na realidade. Qual é a importância delas para a construção de um mundo em que as pessoas saibam respeitar as diferenças e acolher o outro como ele é?

Analise a tirinha a seguir para refletir sobre esse tema.

ALEXANDRE BECK

1 Retome com os colegas os conceitos de sincretismo, hibridismo e ecumenismo. Em seguida, reflita de forma coletiva sobre a importância de assegurar o respeito a todas as religiões e anote as conclusões a que chegaram.

____

____

____

____

____

____

____

____

____

2 Existem muitas formas de exercitar o ecumenismo e o diálogo inter-religioso no cotidiano. A divulgação desse pensamento é uma delas. Usando ferramentas digitais, crie um cartaz para mídias sociais sobre o caráter sincrético da sociedade brasileira. Ao final, compartilhe sua produção com o professor e os demais colegas.

DICA

Para ilustrar o cartaz e mobilizar seu leitor, escolha uma imagem impactante para ilustrar o texto.

CAPÍTULO 6

Religião: cultura, arte e tecnologia

A cultura digital pretende tornar o ser humano mais aberto para o conhecimento e as relações. A ela não faltam ambiguidades e utopia.

SPADARO, Antonio. **Ciberteologia**: pensar o Cristianismo nos tempos da rede. São Paulo: Paulinas, 2012. p. 41.

NOVOS HORIZONTES

A tecnologia está cada vez mais presente em todos os setores da sociedade, tornando-se indispensável no mundo globalizado. No campo religioso, as ferramentas possibilitam a propagação dos ensinamentos das mais diferentes tradições, dinamizando o tempo e as informações, em uma época em que as redes e mídias sociais são espaços de encontro. Vimos essa presença durante o período de distanciamento social, vivenciado no decurso da pandemia de covid-19.

Sobre o tema, observe a imagem, converse com os colegas e responda.

a) Quais são as vantagens e as desvantagens de conhecer os ensinamentos de uma tradição religiosa de modo *on-line*?

b) Qual é a relação entre a imagem e o texto de Spadaro?

c) Você acredita que todas as religiões podem fazer uso das novas tecnologias da mesma forma? Justifique sua resposta.

CONSTRUINDO SABERES

Manifestações culturais e experiências do sagrado

As manifestações culturais são uma das maneiras de expressar pensamentos e sentimentos. As pessoas cantam músicas, reúnem-se para dançar, partilhar uma comida de que gostam. Procuram se expressar por meio de artesanato, pintura, escultura e se representar na produção de roupas e tecidos, por exemplo.

ISMAR INGBER/PULSAR IMAGENS

Galeria de arte a céu aberto com área de convivência coberta por sombrinhas de frevo, em Recife (PE), 2022. O frevo é um exemplo de manifestação cultural no Brasil.

Essa arte é produto dos saberes da comunidade que precisam ser protegidos, pois revelam sua identidade e um passado comum.

Nesse mesmo sentido, as pessoas também manifestam sua religiosidade e seu pertencimento a determinada tradição religiosa por meio de produções culturais, como peças de teatro, enredos de filme, festivais musicais etc. Assim, mostram que, por meio da arte, o ser humano expressa seus sonhos, suas necessidades, seus desejos e suas crenças. Os **rituais religiosos**, por exemplo, podem ser considerados uma forma de manifestação cultural específica em que se celebra o que ficou inscrito na memória coletiva de seguidores de determinada tradição religiosa.

Essas manifestações ritualísticas também são bens culturais que devem ser conhecidos e difundidos, pois versam sobre uma memória histórica, possibilitando o exercício da cidadania e a superação de atitudes preconceituosas ao valorizarem a pluralidade cultural e religiosa do povo brasileiro e, por extensão, de todos os povos.

ELIEZERBLEJER/ISTOCKPHOTO/GETTY IMAGES

Ao completarem 13 anos, os meninos judeus atingem a maioridade religiosa, o que é comemorado com a cerimônia de *bar mitzvah*. O ritual representa um ponto muito importante na vida de todo judeu, porque, a partir dessa data, o garoto é considerado um homem responsável por seus atos. No *bar mitzvah*, pela primeira vez, os rapazes colocam o tefilin (duas pequenas caixas onde se encontram pergaminhos com quatro parágrafos da Torá) e são chamados para ler a Torá.

Os rituais dramatizam os mitos das tradições religiosas. Quando apresentados por meio de encenações, danças e cantos, os mitos trazem à memória dos fiéis grandes feitos de seus deuses e deusas e acontecimentos importantes que marcam a experiência religiosa de cada um.

Por isso, além de ser um momento de vivência de fé, os rituais têm diversas finalidades, como festejar e comemorar, iniciar novos membros na comunidade, celebrar a passagem de uma fase da vida para outra, pedir a cura para enfermidades, conforto em situações de luto, entre outras.

A expressão ritualística, como as manifestadas por gestos corporais, símbolos, cantos, orações, aponta para o Transcendente, desperta a sensibilidade e dá corpo à experiência religiosa. O rito é uma das expressões coletivas mais naturais do sagrado e é a característica que mais se sobressai em todas as tradições religiosas.

JOÃO PRUDENTE/PULSAR IMAGENS

Comemoração da Folia de Reis em Belo Horizonte (MG), considerada, desde 2017, Patrimônio Cultural Imaterial de Minas Gerais.

AMPLIANDO

Na Índia, o Holi, ou Festival das Cores, é uma festa anual que celebra o fim do inverno e a chegada da primavera. Adultos e crianças jogam pó colorido uns nos outros para comemorar, simbolicamente, a vitória do bem sobre o mal. Há também batalhas com água, música, tinta colorida e rituais ancestrais.

Para ver imagens desse ritual, acesse o *QR Code*.

http://ftd.li/khknyt

1 Defina a importância das manifestações artísticas para a experiência do sagrado.

____

____

2 Pesquise, em livros, na internet ou em revistas, as manifestações culturais a seguir e marque um X nas que têm influência da religiosidade.

- [ ] Folia de Reis
- [ ] Festa do Frevo
- [ ] Festa do Divino
- [ ] Quarup
- [ ] Congada
- [ ] Bumba meu Boi
- [ ] Carnaval
- [ ] Holi
- [ ] Purim
- [ ] Festa de São Gonçalo

3 Selecione duas das manifestações culturais assinaladas com um X na atividade anterior e indique os elementos que evidenciam a influência religiosa.

____

____

Com o avanço da tecnologia, algumas tradições religiosas utilizam meios de comunicação, como a televisão, o rádio e a internet, para divulgar sua mensagem não só aos fiéis de suas próprias comunidades, mas também a pessoas de qualquer lugar do mundo, independentemente de sua fé.

Um líder espiritual, ao falar para algumas dezenas ou centenas de fiéis durante uma celebração em um templo, com transmissão pelo rádio, pela televisão ou pela internet, pode ser acompanhado por milhares de pessoas.

Desse modo, o uso da tecnologia em momentos rituais de diferentes tradições religiosas pode criar novas formas de vivência religiosa, alcançando indivíduos que não estão presentes fisicamente no mesmo lugar, mas que podem celebrar a distância, inclusive, oferecendo oportunidades para a cooperação ecumênica e inter-religiosa.

Contudo, apesar da facilidade que a tecnologia proporciona aos fiéis, lideranças religiosas, pensadores e profissionais da comunicação alertam para o risco de as imagens e mensagens religiosas se tornarem meros espetáculos, perdendo de vista a finalidade das celebrações: expressar a fé de determinada comunidade religiosa, em um espaço considerado sagrado, ao redor de seus textos, símbolos e gestos, como cantos, danças e preces.

Não se pode esquecer que canais de rádio e televisão conseguem produzir espetáculos para serem consumidos em larga escala. Sendo assim, as manifestações religiosas transmitidas pelos meios de comunicação, por exemplo, podem se tornar também espaços de publicidade. Os fiéis que assistem a essas transmissões começam a ser vistos como público-alvo de determinados produtos e serviços.

Além de instrumentos de propagação de uma religião ou meios para celebração a distância, as Tecnologias da Informação e Comunicação (TICs) se tornaram espaços virtuais, ou ciberespaços, para a experiência individual da fé religiosa. Um *smartphone*, por exemplo, não é apenas um objeto de transmissão, mas um instrumento virtual de vivência pessoal da religião. Com isso, a fé sai da esfera coletiva presencial para ser uma questão individual e uma opção pessoal. Mas e as comunidades virtuais?

No ciberespaço, as comunidades virtuais são construídas sobre as afinidades de ideias, interesses, conhecimentos, bem como a afinidade de crenças. Isso ocorre independentemente da proximidade geográfica e da pertença institucional. Essas comunidades criam laços de proximidade, pois, nelas, as pessoas se encontram e partilham experiências completamente livres dos limites institucionais e presenciais. Não é mais necessário "sair" do seu lugar para encontrar uma comunidade de fé; os encontros acontecem de maneira virtual.

DIÁLOGOS

FRANCO ORIGLIA/GETTY IMAGES

A primeira celebração religiosa católica transmitida em 3-D foi celebrada pelo papa Francisco no dia 24 de dezembro de 2014 na Basílica de São Pedro, no Vaticano. Durante a Missa do Galo, *drones* capturaram imagens de fiéis que acompanhavam a cerimônia e detalhes da decoração local, especialmente preparada para as festas de fim de ano.

Contudo, é importante ficar atento, pois a experiência vivida em uma manifestação religiosa acontece no relacionamento com o outro, com o mundo e com o Transcendente. A experiência religiosa de determinado grupo, expressa de forma ritualística e simbólica, considerada o elo entre o visível e o invisível, pode ser esvaziada sem as interações sociais e o encontro presencial de pessoas.

Celebrações e rituais religiosos impulsionam o fortalecimento de uma identidade, a promoção do encontro e a partilha de uma memória. Portanto, lideranças religiosas estão preocupadas e empenhadas para que essas experiências religiosas sejam bem cuidadas e preservadas.

4 De modo geral, filmar ou fotografar rituais religiosos pode ser desrespeitoso com as pessoas que desejam um momento de introspecção com o sagrado? Justifique sua resposta.

____

____

____

5 Papa Francisco, líder religioso da Igreja Católica, em sua visita aos Emirados Árabes Unidos, afirmou que é preciso construir a cultura do diálogo como caminho para superar a intolerância e a violência religiosa. Aprender a dialogar é acreditar e praticar uma educação que ensine a reconhecer a liberdade religiosa como direito fundamental. Ele promoveu o **Pacto Educativo Global**, para que todos reflitam sobre a renovação da educação, com objetivo de amadurecer a solidariedade universal na busca por sociedades mais acolhedoras por meio do diálogo e da compreensão mútua. Com base na leitura do texto e em uma pesquisa na internet, complete o diagrama.

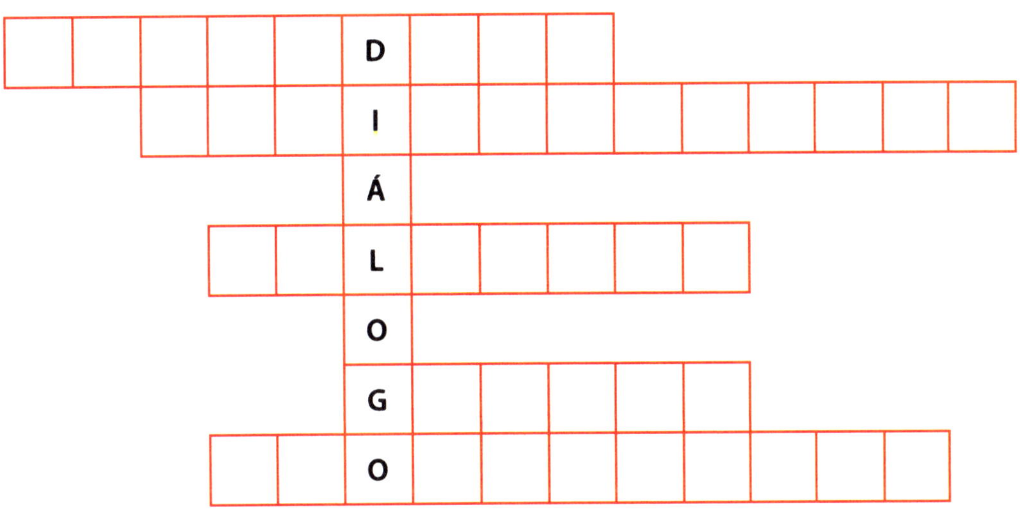

a) A maioria da população dos Emirados Árabes segue a religião ________________.

b) A ________________ de expressar a própria religião é um direito fundamental.

c) O papa Francisco propôs um Pacto Educativo ________________.

d) A iniciativa do papa foi promover uma educação para amadurecer a ________________.

e) O Pacto Educativo Global tem como proposta construir sociedades mais ________________.

ARTE QUE ENCANTA

A arte é um elemento muito presente nas tradições religiosas. É uma forma de sintetizar, expressar e simbolizar as crenças. A música nas igrejas cristãs, por exemplo, é um instrumento de relação com Deus e uma maneira de manifestar a fé.

Os salmos são composições de louvor à divindade e constam do livro sagrado dos judeus e dos cristãos. Jesus e seus discípulos provavelmente os cantavam de memória. Podemos ler, no texto do apóstolo Paulo:

ALBUM/A. DAGLI ORTI/EASYPIX BRASIL

Monges em oração. Detalhe do afresco **O Translado de São Nicolau**, de artista desconhecido. Século XIV. Basílica de São Nicolau de Tolentino, Tolentino, Itália.

> "Entre vocês, entoem salmos, hinos e cânticos espirituais, cantando e salmodiando de coração ao Senhor. Sempre e por tudo deem graças a Deus, o Pai, em nome de nosso Senhor Jesus Cristo."

EFÉSIOS, CAPÍTULO 5, VERSÍCULOS 19-20. *In*: **Bíblia pastoral**. São Paulo: Paulus, 2015. p. 1 431.

Séculos depois, com o declínio do Império Romano, iniciado em meados do século IV d.C., os instrumentos musicais que acompanhavam esses hinos deixaram de fazer parte dos cantos litúrgicos e somente a voz humana passou a figurar nas cerimônias religiosas. Chamado canto gregoriano, tornou-se uma das expressões artísticas mais tradicionais da Igreja Católica. Seu ritmo era composto de palavras cantadas em latim e se manteve praticamente inalterado durante todos esses séculos.

> Com o tempo, o canto gregoriano tornou-se a música adotada por quase toda a Europa ocidental. Leva o nome do papa Gregório I, que, por volta de 600 d.C., teria coligido e codificado as melodias usadas no culto; a codificação gregoriana reunia músicas para todos os ritos e festivais da Igreja. Muitas melodias, porém, são bem mais antigas; algumas vêm da Grécia e da Roma clássicas, outras, do culto judeu nas sinagogas.

DOWLEY, Tim. **Os cristãos**: uma história ilustrada. São Paulo: Martins Fontes, 2009. p. 20.

ALEXANDRE CARVALHO/ FOTOARENA

Religiosos do Mosteiro de São Bento entoam cantos gregorianos no Museu da Casa Brasileira em comemoração ao aniversário da cidade de São Paulo, em 25 de janeiro de 2011.

MOACYR LOPES JUNIOR/FOLHAPRESS

Os cantos gregorianos continuaram a ser entoados em celebrações católicas, extrapolaram os muros da igreja e hoje são apresentados, inclusive, em eventos culturais.

Na cidade de São Paulo, por exemplo, milhares de paulistanos e turistas se dirigem ao Mosteiro de São Bento todas as semanas para assistirem à missa celebrada ao som do canto gregoriano dos monges beneditinos. Muitos não são religiosos, mas apreciam a beleza do canto.

O Mosteiro de São Bento, um dos principais pontos turísticos de São Paulo, apresenta música clássica, canto gregoriano e orações cantadas durante as missas.

1 Por que a música pode ser um elemento de união entre as pessoas em uma cerimônia religiosa? Justifique sua resposta.

____

____

____

2 Você já presenciou eventos religiosos em que a música estava presente? Descreva como era a música e como as pessoas se comportavam.

____

____

____

____

OS POVOS E O SAGRADO

Na tradição judaica, a música e a dança fazem parte de rituais e celebrações.

Um dos livros sagrados utilizados por judeus e cristãos para rezar, cantar e dançar chama-se Salmos.

Os salmos são poesias rezadas, cantadas e dançadas que refletem a experiência pessoal, comunitária e espiritual da realidade.

Leia o salmo a seguir.

ZVONIMIR ATLETIC/SHUTTERSTOCK.COM

Página de Bíblia antiga.

> Louvado seja o Eterno! Vinde louvá-Lo em Seu Santuário; louvai-O diante do firmamento, onde se manifesta Seu **poder**. Louvai-O pela **grandeza** dos Seus atos, louvai-O como deve ser louvado por Sua **extraordinária dimensão**. Louvai-O ao som do ***Shofar***; louvai-O com o **saltério** e a harpa. Louvai-O com melodias e ritmo; louvai-O com a música de órgãos e flautas. Louvai-O com o clangor de **címbalos**; louvai-O com altissonantes trombetas. Que todos os seres vivos louvem ao Eterno! Louvado seja o Eterno! Haleluiá!

Bíblia hebraica. Salmo 150.

Címbalo: instrumento musical de metal.
Saltério: antigo instrumento musical semelhante à harpa.
***Shofar*:** antigo instrumento de sopro.

- Procure o significado destas palavras no dicionário e escreva o resultado de sua pesquisa a seguir.

Clangor: ______________________________

Altissonantes: ______________________________

a) Essas palavras instruem como deve ser o ato de louvar o Eterno para a tradição judaica. Cite quais são essas orientações.

____

____

b) Observe as palavras destacadas no texto e relacione-as ao modo como o salmista diz que o ato de louvar o Eterno deve ser.

____

____

O CUIDADO COM O MUNDO

As novas Tecnologias da Informação e da Comunicação (TICs) podem se tornar importantes ferramentas no combate aos problemas sociais.

A reportagem a seguir mostra o exemplo de Arthur Douglas e sua mãe, Renata Oliveira. O jovem utiliza seu perfil em uma rede social para explorar questões relacionadas à inclusão e ao respeito às pessoas autistas no Brasil.

Renata Oliveira e Arthur Douglas, mãe e filho, são ativistas pela causa autista e influenciadores nas redes sociais. Uma causa que neste 2 de abril é marcada pelo reconhecimento da data como Dia Mundial de Conscientização do Autismo.

[...]

Em seu perfil no TikTok [...], Arthur conta com mais de 1,2 milhões de seguidores. Lá, ele e a mãe mostram cenas do dia a dia, desafios e experimentações. Arthur foi diagnosticado com autismo aos 12 anos, após um encaminhamento da escola para um psicólogo. Depois de passar por três instituições diferentes, a última acolheu melhor a sua diferença e apoiou Renata, que conseguiu bolsa de estudos, na busca do diagnóstico.

Arthur conta que nunca foi bem aceito pelos colegas de turma. Era visto como "diferente". Relembra, com certa dificuldade e resistência, momentos difíceis que passou na escola. "Lá eu estudava, mas não costumava falar com as pessoas ou fazer amizades. Normalmente, me achavam estranho ou não interagiam comigo", conta.

SEWCREAM/SHUTTERSTOCK.COM

A fita, com peças de quebra-cabeça em cores vibrantes, representa a diversidade dentro do Transtorno do Espectro Autista (TEA), a inclusão social e a esperança da conscientização da sociedade.

[...]

Pouco a pouco, a discussão do tema tem alcançado mais públicos e trazendo o debate do que é a verdadeira inclusão.

VELOSO, Isabella; MONTEIRO, Maria Paula. Autismo e *TikTok*: o ativismo e o cotidiano de Arthur nas redes sociais. **Estado de Minas**, Belo Horizonte, 7 abr. 2022. Disponível em: https://www.em.com.br/app/noticia/diversidade/2022/04/02/noticia-diversidade,1357162/autismo-e-tiktok-o-ativismo-e-o-cotidiano-de-arthur-nas-redes-sociais.shtml. Acesso em 14 mar. 2024.

Para conhecer mais sobre a neurodiversidade presente no TEA, acesse o *QR Code*.

https://ftd.li/gofuhi

1. Qual é a importância de iniciativas como a de Arthur Douglas e sua mãe, Renata, para assegurar os direitos das pessoas autistas no Brasil? Converse com os colegas sobre a questão.

2. Explique, oralmente, como é possível utilizar as TICs em seu cotidiano de modo a promover mudanças sociais positivas no Brasil.

3. O Ensino Religioso nas escolas pode ser um estímulo a mais para que os estudantes despertem sua consciência para questões sociais e busquem mudanças? Por quê? Converse com os colegas.

OUTROS OLHARES

Vivemos em um mundo sem fronteiras. Os países continuam tendo seus limites geográficos, mas, como consequência do desenvolvimento das Tecnologias da Informação e da Comunicação (TICs), estamos imersos em uma aldeia global, transformando grupos de convivência local em redes virtuais de relacionamento. A tecnologia mudou nosso jeito de nos relacionar e até a forma de praticarmos a religião. Leia trechos de duas reportagens sobre essa questão.

OSSERVATORE ROMANO/AP PHOTO/IMAGEPLUS

Na imagem, Papa Bento XVI publica em uma rede social o lançamento do portal de informações de notícias do Vaticano, em 2011, Vaticano.

Bento XVI é o primeiro Papa que se depara com o advento das Redes Sociais que remodelam profundamente o contexto da comunicação global precisamente nos anos de seu Pontificado. Cinco das suas oito mensagens para as Jornadas das Comunicações Sociais são dedicadas a este inédito areópago digital. Juntos constituem uma espécie de compêndio do Magistério da Igreja sobre esta nova realidade que mudou não só a nossa forma de comunicar, mas também a de nos relacionarmos. Bento XVI capta imediatamente o sentido da revolução das redes sociais, que não são tanto um meio a ser utilizado, mas um ambiente a ser habitado. Cunha, portanto, o termo "continente digital" para redes sociais. Um continente, como os geográficos, que requer o empenho dos fiéis – em particular dos leigos, em linha com Inter Mirifica – para evangelizar este novo território de missão. O Papa também entende que a distinção entre virtual e real deve ser superada, pois o que é compartilhado e comentado nas novas plataformas tem consequências concretas na vida das pessoas.

Bento XVI encoraja os cristãos a serem testemunhas digitais mais que influenciadores, para transformar as redes sociais em "portas de verdade e de fé". E não se limita a fazê-lo com palavras. Em 12 de dezembro de 2012, pela primeira vez, um Papa publicou um tweet através da conta @Pontifex, criada alguns dias antes. Trata-se de um gesto que alguns comparam à criação da Rádio Vaticano por Pio XI.

Nem todos aprovam, temendo a exposição do Papa a críticas e ofensas, mas Bento XVI está convencido de uma escolha que vai na direção da nova evangelização. Mais uma vez um Papa sabe aproveitar o potencial das inovações tecnológicas para chegar a pessoas que, de outra forma, ficariam excluídas do anúncio do Evangelho. Poucas semanas depois de abrir a conta, Bento XVI renunciou ao ministério petrino, mas @Pontifex foi "reativado" por Francisco que hoje – através de seus tweets em 9 idiomas – conta com mais de 50 milhões de seguidores todos os dias.

GISOTTI, Alessandro. Bento XVI e a transmissão da fé na era digital. **Vatican News**, Cidade do Vaticano, 4 jan. 2023. Disponível em: https://www.vaticannews.va/pt/vaticano/news/2023-01/papa-bento-xvi-ratzinger-comunicacao-fe-redes-sociais.html. Acesso em: 23 fev. 2024.

1 Sublinhe no texto os usos positivos das TICs pelo papa Bento XVI.

A rede social porta consigo uma ambiguidade: por um lado, o sujeito se expande com suas fotos e histórias, desejando que sejam compartilhadas e curtidas; por outro, cresce a associabilidade daqueles que preferem apenas a socialização digital. Assim, o fácil acesso às informações, não acompanhado de uma consciência crítica na sua seleção, está favorecendo uma notável superficialidade no campo educativo, um empobrecimento não só da razão, mas da própria capacidade de imaginação, de pensamento crítico e criativo.

Novas tecnologias são instrumentos que possibilitam muitas oportunidades para uma educação mais qualificada na contemporaneidade. Sua má utilização pode, contudo, provocar o surgimento de um indivíduo distraído, com menos capacidade de memória, menos resiliente e mais suscetível a informações equivocadas, veiculadas nas redes sociais. Não é a posse do meio que determina seu bom uso, mas o cuidado pedagógico que se tem, na medida em que se integra o saber e o viver.

BRUSTOLIN, Dom Leomar Antônio. Educar na era digital. **CNBB**, Brasília, DF, 14 out. 2022. Disponível em: https://www.cnbb.org.br/educar-na-era-digital/. Acesso em: 23 fev. 2024.

2. O segundo texto apresenta uma visão crítica a respeito das tecnologias digitais. Selecione os argumentos apresentados.

____

____

3. Por meio da leitura dos textos, é possível afirmar que as tecnologias digitais podem ajudar a disseminar princípios religiosos e práticas espirituais no mundo contemporâneo?

____

____

4. Em seu cotidiano, o que pode ser feito para evitar os aspectos negativos das tecnologias digitais? Comente com os colegas.

____

____

SAIBA+

O alemão Johannes Gutenberg (1398-1468) inventou a prensa tipográfica, e o primeiro livro impresso por ele foi a **Bíblia**, processo que durou cinco anos, de 1450 a 1455. Essa nova tecnologia foi uma grande inovação no período, possibilitando a publicação de livros em um ritmo muito mais acelerado do que ocorria até então, quando os livros precisavam ser copiados manualmente. Com a prensa, panfletos luteranos e a tradução da Bíblia para diversas línguas passaram a circular rapidamente pela Europa, contribuindo para mudanças religiosas e o avanço das tradições protestantes.

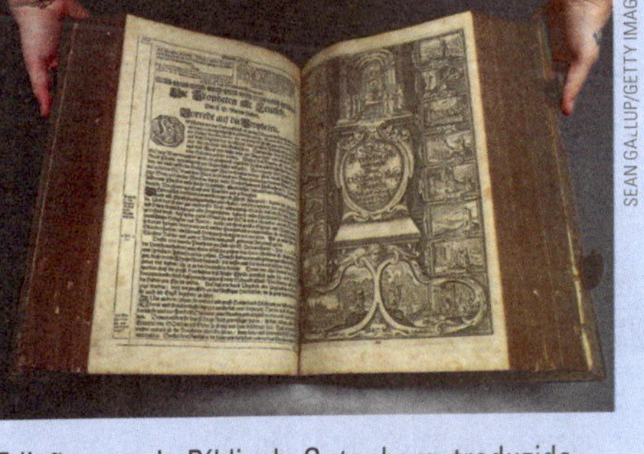

SEAN GALLUP/GETTY IMAGES

Edição rara da Bíblia de Gutenberg, traduzida por Martinho Lutero do latim para o alemão.

ALÉM DA IMAGEM

Apesar de todo o avanço digital e social que as novas Tecnologias da Informação e da Comunicação trazem, as TICs, infelizmente, contribuíram para o crescimento da prática do *cyberbullying*. O *bullying* é um tipo de agressão verbal ou física praticada contra alguém de forma repetitiva por uma ou mais pessoas. O *cyberbullying* refere-se à mesma violência, mas, quando se utiliza a internet, o espaço virtual, para agredir ou intimidar o outro, esse tipo de ataque ganha proporções muito maiores.

Por ser um espaço de vivência coletiva, a escola acaba se transformando em um ambiente em que essas práticas acontecem com maior frequência, e os casos estão ficando cada vez mais graves. Tipos físicos, estilos de roupa diferentes do que a maioria das pessoas usa, personalidades caracterizadas por timidez, as crenças e diversas outras situações servem como desculpa para que pessoas intolerantes sejam agressivas. Dentre todas as agressões que acontecem na internet, muitas estão ligadas à intolerância religiosa.

DRAGANA GORDIC/SHUTTERSTOCK.COM

O *cyberbullying* é uma das principais causas de depressão entre crianças e jovens em idade escolar.

- Por que é essencial a conscientização sobre os perigos do *cyberbullying*?

TEIA DO CONHECIMENTO

Neste capítulo, você analisou questões importantes ligadas à arte, à tecnologia e à religião. Além disso, refletiu sobre os impactos da arte e da tecnologia na experiência religiosa.

1 Analise a charge a seguir e reflita sobre sua mensagem.

PATRICK CHAPPATTE/GLOBE CARTOON

a) A charge apresenta uma visão crítica do papel das tecnologias digitais nas práticas de espiritualidade no mundo contemporâneo. Discuta com os colegas essa visão.

b) Como estudado, as tecnologias digitais não desempenham apenas um papel negativo para o desenvolvimento de práticas de espiritualidade no presente. Reflita sobre os aspectos positivos dessas tecnologias e comente sobre eles com os colegas.

2 Com a supervisão do professor, siga o passo a passo proposto.

1. Com base nas discussões, em grupos, pesquisem na internet exemplos do uso da tecnologia nas práticas de espiritualidade. Podem ser selecionados vídeos, imagens, áudios, entre outros.
2. Elaborem uma apresentação gráfica, digital, apresentando os exemplos selecionados pelo grupo, discutindo o impacto das tecnologias digitais sobre a experiência religiosa no mundo contemporâneo.
3. Em dia previamente estabelecido, compartilhem o trabalho com os demais colegas.

DICA

Explorem os modelos pré-formatados disponibilizados em ferramentas digitais de apresentação. Os *templates* ou *layouts* oferecem opções que podem ser proveitosas para construir a exposição dos conceitos.

ESPAÇO DE...

TECNOÇOGIA

A TECNOLOGIA A SERVIÇO DA SOCIEDADE

Para sistematizar o que aprenderam, vocês vão produzir um vídeo curto, de três a cinco minutos, sobre o tema **A tecnologia a serviço de um mundo melhor**.

ETAPA 1 Dividindo os grupos e escolhendo os assuntos

Por conta da tecnologia, muitas pessoas fizeram grandes descobertas, puderam estudar a distância, reencontraram amigos e familiares, conheceram o mundo e mudaram a comunidade em que vivem.

Conheçam uma história que mostra como a tecnologia mudou e ainda muda a vida de muitas pessoas. Tudo começou quando Daniela, fundadora da *startup* Comida Invisível, foi comprar frutas e viu pilhas de alimentos que seriam desperdiçados porque tinham perdido o valor comercial, apenas por estarem muito maduros. Percebeu que aqueles alimentos, próprios para consumo, poderiam ser destinados a quem precisasse deles. Ela decidiu, então, criar uma plataforma que conectasse quem estivesse precisando de alimentos a quem pudesse doá-los.

STONEPICTURES/SHUTTERSTOCK.COM

Mais de 150 toneladas de alimentos doados, impactando a vida de mais de 3 milhões de pessoas somente no ano de 2021. Esse é o resultado do trabalho realizado pela startup social **Comida Invisível**, que nasceu há cinco anos, fruto de uma indignação durante um momento de lazer.

[...] De acordo com o **Índice de Desperdício de Alimentos** 2021, elaborado pelo **Programa das Nações Unidas para o Meio Ambiente (PNUMA)**, o mundo desperdiça 931 milhões de toneladas de alimentos por ano, o que representa 17% da produção total. [...] Por meio do uso de tecnologia e geolocalização, o **Comida Invisível** conecta quem tem alimentos em condições de consumo com quem precisa deles. Portanto, o doador se cadastra na plataforma e informa qual alimento quer doar, além de dizer a data de validade do produto e informações sobre a data de retirada. [...] O alimento inserido na plataforma demora, em média, oito minutos para encontrar um destino. [...]

BOLLINI, Miriam. Como o *app* Comida Invisível combate o desperdício e a má distribuição de alimentos? **Consumidor Moderno**, São Paulo, 19 jan. 2022. Disponível em: https://www.consumidormoderno.com.br/comida-invisivel-desperdicio/. Acesso em: 23 fev. 2024.

Dividam-se em grupos e pesquisem outras histórias em que um recurso tecnológico foi usado para melhorar a vida das pessoas. Em seguida, apresentem aos colegas as histórias que selecionaram e expliquem os motivos da escolha.

#ParaPensar

Como a tecnologia pode ser utilizada para ações sociais?

ETAPA 2 Preparando o caminho e produzindo o vídeo

1. Releiam o material e busquem mais informações sobre o recurso tecnológico que querem apresentar. É importante que vocês consigam utilizá-lo como base para demonstrar como a tecnologia pode servir para a transformação da sociedade.
2. Conversem com pessoas que possam colaborar com o conteúdo, como usuários das ferramentas tecnológicas pesquisadas.
3. Escrevam o roteiro que servirá de base para a gravação do vídeo. Definam o formato do vídeo, decidam as falas, indiquem as sequências das cenas e o que deve aparecer em cada uma – e, se for o caso, a trilha sonora utilizada.

JINGZHEER/SHUTTERSTOCK.COM

ETAPA 3 Gravação e divulgação

Façam a gravação do vídeo, que não deve ultrapassar cinco minutos. Lembrem-se de estarem atentos ao ambiente, aos ruídos e à luminosidade.

Com as gravações prontas, utilizem ferramentas digitais para editar o vídeo, momento em que podem inserir e cortar cenas, incluir legendas, vídeos, imagens, trilhas sonoras e outros efeitos.

Para finalizar o projeto, compartilhem os vídeos. Com a ajuda do professor, organizem um momento para que as produções possam ser exibidas para a escola. Criem cartazes para a divulgação do evento, com tema, horário e local.

NOTIONPIC/SHUTTERSTOCK.COM

#ParaPensar

- Como foi a experiência de trabalhar em grupo? O que foi mais desafiador e o que trouxe mais aprendizado?
- De que modo os vídeos produzidos pelo grupo e pelos colegas ampliaram suas informações sobre a importância da tecnologia na melhoria da sociedade? Justifique com exemplos dos vídeos.
- Alguma das tecnologias apresentadas no vídeo poderia auxiliar a vida na sua comunidade?

O QUE APRENDI

Você construiu uma rede de aprendizagens e saberes com os colegas durante todo o desenvolvimento da unidade. Agora, a turma toda vai participar de uma rede social de Ensino Religioso, em que cada um deverá escrever o que apreciou no capítulo 4, o que gostaria de comentar do capítulo 5 e o que gostaria de compartilhar com os colegas sobre o capítulo 6.

- Escreva nos espaços a seguir o que está sendo indicado. Depois, em grupos, conversem sobre o que cada um mais gostou, o que desejaria comentar e o que adoraria compartilhar.

YURLICK/SHUTTERSTOCK.COM

Capítulo 4

O que apreciei

CREATIVE STALL/SHUTTERSTOCK.COM

Capítulo 5

O que quero comentar

CREATIVE STALL/SHUTTERSTOCK.COM

Capítulo 6

O que quero compartilhar

ACESSAR

No *site* do Vaticano, há uma página dedicada a um *tour* virtual pelas basílicas e capelas papais: https://www.vatican.va/various/basiliche/index_po.html (acesso em: 23 fev. 2024). A ferramenta de *zoom* possibilita ver detalhes em obras sacras que não seriam possíveis em algumas visitas presenciais, como na pintura na Capela Sistina.

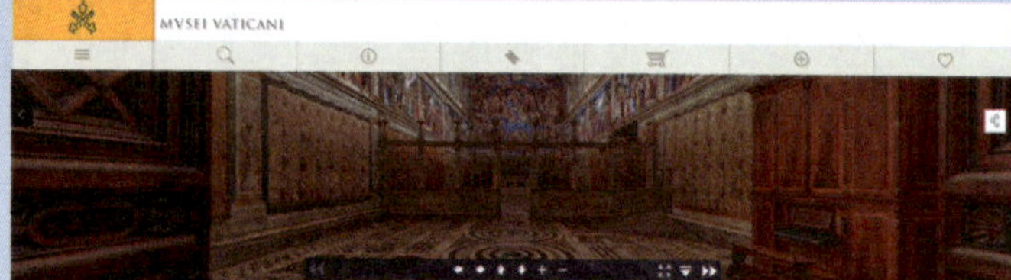

DISPONÍVEL EM: HTTPS://WWW.VATICAN.VA/VARIOUS/CAPPELLE/SISTINA_VR/INDEX.HTML. ACESSO EM: 23 FEV. 2024.

Religiões, encontros e diálogos

UNIDADE

3

ANDRE DIB/PULSAR IMAGENS; VADYM PASTUKH/SHUTTERSTOCK.COM; ADDICTIVE STOCK CREATIVES/ALAMY/FOTOARENA; TUTATAMAFILM/SHUTTERSTOCK.COM; STOCKBYTE/GETTY IMAGES; DOTSHOCK/SHUTTERSTOCK.COM; IMAGE SOURCE/PHOTODISC/GETTY IMAGES

Nesta unidade, você vai estudar:

- fundamentalismo
- fanatismo
- identidade
- alteridade
- religião e política

CAPÍTULO 7

Preconceito e religião

STEPHEN BARNES/SHUTTERSTOCK.COM

"[...] é necessário conceder aos homens a liberdade de julgamento e governá-los de tal sorte que, ainda que pensem abertamente coisas distintas e opostas, vivam em paz."

SPINOZA. **Obra completa III**: (breve) tratado e outros escritos. Organização de J. Guinsburg, Newton Cunha e Roberto Romano. São Paulo: Perspectiva, 2014. p. 417.

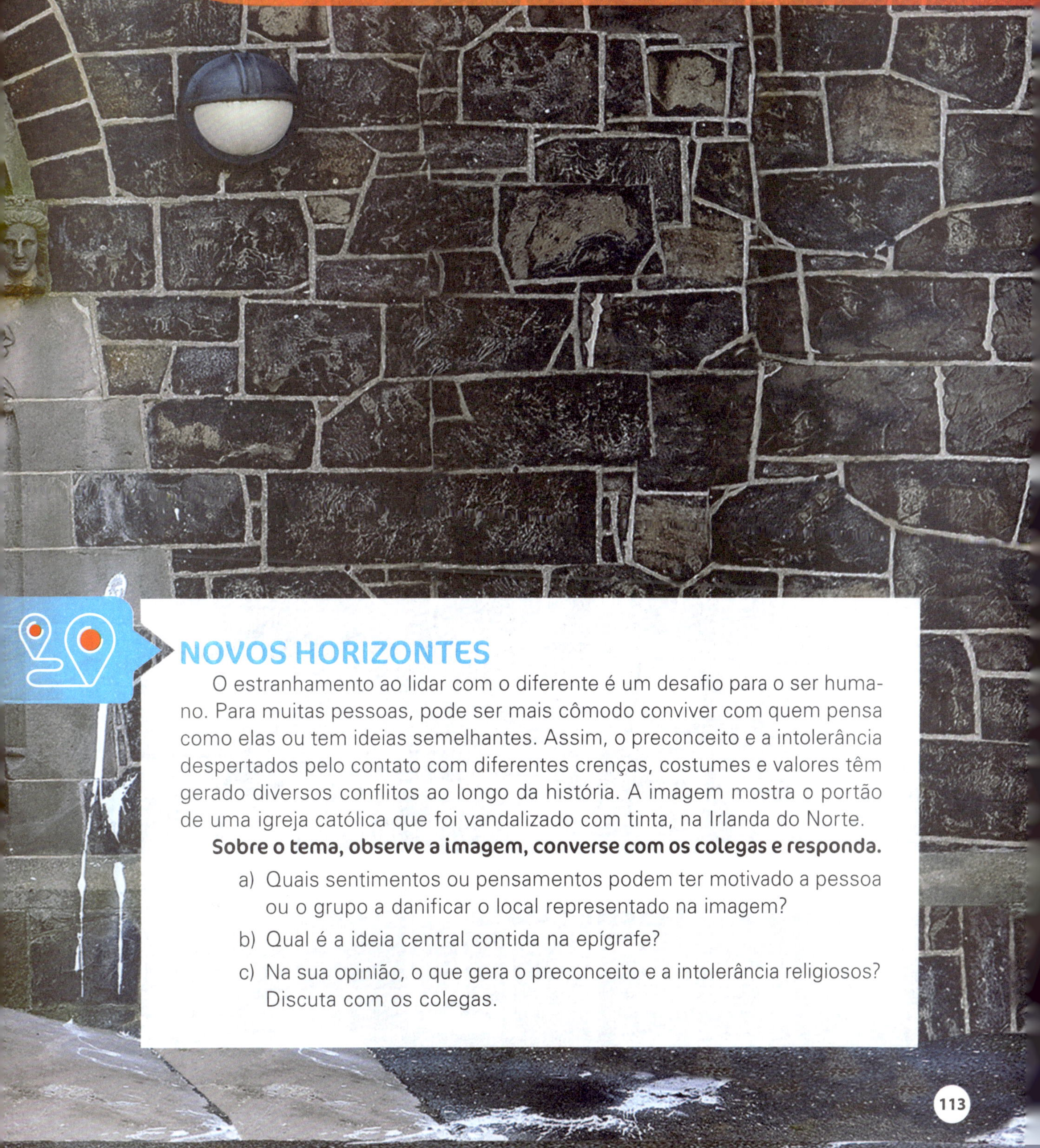

NOVOS HORIZONTES

O estranhamento ao lidar com o diferente é um desafio para o ser humano. Para muitas pessoas, pode ser mais cômodo conviver com quem pensa como elas ou tem ideias semelhantes. Assim, o preconceito e a intolerância despertados pelo contato com diferentes crenças, costumes e valores têm gerado diversos conflitos ao longo da história. A imagem mostra o portão de uma igreja católica que foi vandalizado com tinta, na Irlanda do Norte.

Sobre o tema, observe a imagem, converse com os colegas e responda.

a) Quais sentimentos ou pensamentos podem ter motivado a pessoa ou o grupo a danificar o local representado na imagem?

b) Qual é a ideia central contida na epígrafe?

c) Na sua opinião, o que gera o preconceito e a intolerância religiosos? Discuta com os colegas.

CONSTRUINDO SABERES

Violência em nome da fé

Ao olharmos para a história da humanidade, atitudes e posturas preconceituosas, discriminatórias, intolerantes, excludentes e **persecutórias** têm sido recorrentes. Muitas atrocidades foram – e ainda são – cometidas por pessoas, povos e governantes por causa de diferenças em relação a etnias, culturas e crenças religiosas.

Guerras e perseguições étnicas, culturais e religiosas aniquilaram vidas e foram motivadas pela sede de dominação e de imposição dos valores de determinados povos ou grupos humanos – em detrimento de outros, que foram subjugados –, ou, em alguns casos, iniciadas em nome de uma postura **fundamentalista** da fé.

Como exemplos, podemos destacar os confrontos entre muçulmanos e cristãos na Idade Média; o conflito entre judeus e palestinos no Oriente Médio, que dura até os dias atuais; a segregação racial nos Estados Unidos; o **Holocausto** durante a Segunda Guerra Mundial (1939-1945); o ***apartheid*** na África do Sul, de 1948 a 1994; os embates entre o governo da China e os budistas do Tibete, iniciados em 1949. Em 2017, ganhou destaque na mídia a perseguição que budistas radicais impuseram à minoria muçulmana em Mianmar. Também tem se intensificado a perseguição a cristãos por parte de grupos fundamentalistas e radicais islâmicos em alguns países africanos e durante os conflitos no Iraque e na Síria.

Apartheid: regime de segregação racial implementado na África do Sul de 1948 a 1994.
Fundamentalista (em seu aspecto religioso): que interpreta, de modo literal, as escrituras sagradas de sua tradição religiosa. Nega que as outras religiões sejam verdadeiras e se nega ao diálogo inter-religioso.
Holocausto: nome dado ao massacre de judeus e de outras minorias efetuado nos campos de concentração alemães que o Nazismo promoveu durante a Segunda Guerra Mundial. Os judeus chamam esse evento de *Shoah*, que significa, em hebraico, "destruição", "catástrofe".
Persecutório: em que há perseguição.

SK HASAN ALI/SHUTTERSTOCK.COM

Os rohingya são uma minoria muçulmana em Mianmar, nação de maioria budista. No país, são vítimas de explorações e de violências que os obrigam a fugir em busca de abrigo e de ajuda humanitária. Na foto, pessoas da etnia rohingya caminham pela estrada de Bangladesh procurando refúgio, em 2017.

EVERETT COLLECTION/SHUTTERSTOCK.COM

A história da nossa civilização está marcada por genocídios. Mais recentemente, em plena modernidade, o Holocausto foi uma das maiores barbaridades humanas. Na imagem, prisioneiros no campo de concentração de Buchenwald, na Alemanha, no final dos anos 1930.

AMPLIANDO

Durante a Segunda Guerra Mundial (1939-1945), o governo nazista de Adolf Hitler assassinou milhões de pessoas (entre religiosos, pessoas com deficiência e grupos minoritários) sob o pretexto de "purificar" o povo alemão. O termo **Holocausto** se refere ao genocídio de judeus praticado nesse terrível episódio da história da humanidade.

Para conhecer a história de sobreviventes do Holocausto, acesse o *QR Code*.

https://s.ftd.li/Holocausto

Observe a diferença entre os conceitos de discriminação, preconceito e intolerância.

Discriminação é o tratamento diferenciado a uma pessoa ou a um grupo, considerando etnia, raça, idade, gênero, nacionalidade etc. Do ponto de vista religioso, é discriminar as pessoas, colocando-as à parte por causa de suas crenças.

Preconceito é um julgamento rápido, superficial e antecipado em relação a um indivíduo ou a um grupo. É uma opinião formada antes de conhecer o outro ou antes de que se tenha conhecimento suficiente sobre determinado assunto, generalizando ou criando **estereótipos**. No âmbito religioso, é julgar as pessoas por suas crenças.

Intolerância é uma atitude ofensiva, desrespeitosa e agressiva contra um indivíduo ou um grupo simplesmente porque ele pensa e age de maneira diferente. É a não aceitação das diferenças. Portanto, a intolerância religiosa é a não aceitação de diferentes crenças e práticas de fé ou mesmo de quem não tem uma religião.

A intolerância religiosa pode se manifestar de várias maneiras, como as apresentadas a seguir.

Intolerância intrarreligiosa é a violência dentro de uma tradição religiosa, por exemplo, entre fiéis de duas ou mais Igrejas cristãs (católica e evangélica) ou entre muçulmanos xiitas e sunitas.

Intolerância inter-religiosa é a agressão entre seguidores de religiões diferentes, por exemplo, entre budistas e judeus, cristãos e muçulmanos etc.

Intolerância contra ateus/agnósticos é a intolerância entre os seguidores de uma tradição religiosa e aqueles que se declaram ateus ou agnósticos. O contrário também ocorre, ou seja, existe o preconceito de não religiosos contra pessoas religiosas.

Agnóstico: aquele que acredita que um deus ou deuses pode(m) ou não existir; contudo, é impossível comprovar cientificamente sua existência.
Ateu: aquele que não acredita na existência de um deus ou de deuses.
Estereótipo: conceito infundado e geralmente depreciativo sobre algo; generalização preconceituosa de comportamentos ou características.

Criança observa imagens danificadas em templo hindu vandalizado na Índia, em 2016.

BURHAAN KINU/HINDUSTAN TIMES/GETTY IMAGES

1 Pesquise diferentes manifestações de intolerância que acontecem na atualidade. Em data combinada com o professor, compartilhe sua pesquisa com a turma, apontando as consequências que esses atos provocam na sociedade.

BIOGRAFIA

VINCENT CAPMAN/PARIS MATCH/GETTY IMAGES

Ta'Kaiya Blaney.

Ta'Kaiya Blaney (2001-), do povo indígena Tla'Amin (Canadá), é uma ativista ambiental e artista. Desde os oito anos, luta pelos direitos indígenas. Ela já discursou na ONU e ajudou a liderar protestos de jovens em eventos internacionais. Sua luta quando criança foi contra uma empresa construtora de oleoduto que poderia ocasionar um vazamento em duas bacias hidrográficas e afetar dezenas de nações indígenas locais.

Para conhecer mais sobre Ta'Kaiya Blaney, acesse o *QR Code*.

https://s.ftd.li/TaKaiyaBlaney

Paradoxo: aparente falta de coerência ou de lógica.

O paradoxo brasileiro

Apesar de o brasileiro ser considerado por muitos um povo pacífico e religioso, uma rápida análise da trajetória de nosso país pode mostrar que aqui aconteceram e ainda acontecem muitos conflitos de origem discriminatória, preconceituosa ou intolerante; daí, o **paradoxo**.

O gráfico a seguir apresenta as religiões que mais sofreram por intolerância religiosa em 2021.

Casos de intolerância religiosa no Brasil em 2021

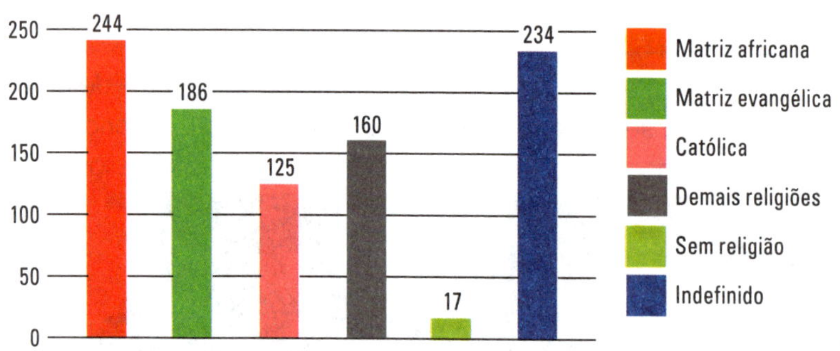

* O item "Demais religiões" compreende casos de denúncias de intolerância religiosa ao Espiritismo, Budismo, Judaísmo, Islamismo, entre outras.

SANTOS, Carlos Alberto Ivanir dos; DIAS, Bruno Bonsanto; SANTOS, Luan Costa Ivanir dos. **II Relatório sobre intolerância religiosa**: Brasil, América Latina e Caribe. Rio de Janeiro: CEAP, 2023. p. 37.

Ao olharmos para a história, identificamos, já desde o início da colonização portuguesa, a imposição de uma religião, o Cristianismo católico, em detrimento de outras. O sucesso do empreendimento religioso cristão eurocêntrico ajudava a monarquia portuguesa a controlar a colônia do Brasil. Também nos períodos e nos locais de dominação francesa e holandesa, o Cristianismo protestante veio associado ao projeto colonizador.

A hegemonia do Cristianismo eurocêntrico silenciou as religiões indígenas, que já existiam nos territórios que hoje fazem parte do Brasil, e as de matriz africana, trazidas pelos escravizados. O uso da religião como meio de fortalecer o domínio político da monarquia portuguesa é contrário à mensagem de vida de Jesus, que criticou as lideranças religiosas de seu povo por se aliarem ao Império Romano, invasor de seu país.

2 Os números apresentados no gráfico da página 116 foram registrados por meio de um disque-denúncia. Com base neles, em dupla, respondam.

a) Quais tipos de agressões e de violências vocês acreditam que podem levar as vítimas a fazerem essas denúncias?

____

____

____

____

b) Vocês já viveram ou já acompanharam algum caso de intolerância religiosa? Comente com os colegas.

3 Identifique no gráfico as principais religiões vítimas de intolerância religiosa no país. Em seguida, relacione esses dados à história do Brasil.

____

____

____

____

As manifestações da intolerância religiosa

As agressões por motivos religiosos se manifestam de muitas formas. Algumas vezes são camufladas; outras vezes, explícitas e violentas.

A **intolerância religiosa camuflada** é também conhecida como intolerância religiosa psicológica e acontece em vários âmbitos da sociedade. É uma forma de violência subjetiva, contra o seguidor de alguma religião, que ocorre de maneira processual e lenta e que afeta a dimensão psicológica dos indivíduos. Geralmente é de difícil constatação e ocorre por meio de ameaças veladas, constrangimentos sem alarde, chantagens variadas, além de vigilância constante e ridicularização das vítimas, por exemplo.

Existe, ainda, a **intolerância religiosa institucional**, que é uma forma de violência que se concretiza por meio de ataques entre instituições religiosas. Às vezes, acontece por meio de falas de líderes de tradições religiosas diferentes com o intuito de depreciar outra religião ou aqueles que a seguem. É uma violência simbólica presente no campo religioso brasileiro.

Por fim, a forma mais evidente é a **intolerância religiosa física**, que ocorre quando seguidores de uma tradição religiosa ou ateus e agnósticos destroem objetos e espaços sagrados ou realizam ataques físicos a praticantes e a defensores de outras concepções ou tradições.

MARISH/SHUTTERSTOCK.COM

Devemos estar atentos para combater a intolerância religiosa camuflada, pois ela pode acontecer entre crianças e adolescentes nas escolas.

CHAMILA KARUNARATHNE/ANADOLU AGENCY/GETTY IMAGES

Interior de mesquita no Sri Lanka, após ataque ocorrido em 2019.

Grande parte dos tipos de discriminação, preconceito e intolerância religiosos é pautada por **fanatismo**, um comportamento individual ou coletivo que, de forma radical, pode instigar a violência física e psicológica da sociedade e dos seguidores de determinados grupos religiosos. A pessoa que demonstra fanatismo tende a impor aquilo em que acredita a outros indivíduos ou à sociedade, em nome de uma divindade, de uma Igreja ou de uma fé.

Além do fanatismo, o **proselitismo** e a ignorância podem também dar origem à violência religiosa. O proselitismo religioso acontece quando líderes e representantes de tradições religiosas buscam conquistar mais seguidores, utilizando como meios o desprezo e a desvalorização de outras crenças e práticas religiosas. Dessa forma, o proselitismo religioso está bastante conectado à intolerância religiosa institucional.

A ignorância, tida aqui como falta de conhecimento de sua própria crença e das crenças de outras tradições religiosas, também é uma fonte de discriminação, de preconceito e de intolerância. Por ignorância, as pessoas criam imagens errôneas e preconcebidas dos outros e de sua fé, além de praticarem várias formas de violência religiosa.

Fazer da religião motivo para conflitos e perseguições é ter uma atitude contrária aos valores pregados pelas tradições religiosas, como amor, paz, solidariedade, justiça e compaixão, que podem ser resumidos em amar o próximo como a si mesmo.

EM GRUPO

Em grupo, pesquisem notícias que demonstrem como o fanatismo e o fundamentalismo religiosos podem ser fontes de violência. Depois, gravem um vídeo curto, com uma síntese sobre o tema, identificando a intolerância religiosa como motivadora da violência.

DICA

O vídeo deve ter um formato que possa ser disponibilizado, ao final, nas redes sociais da escola. Não se esqueça de mencionar as fontes das notícias pesquisadas, a fim de dar mais credibilidade ao seu vídeo.

4 Observe a imagem ao lado. A cruz queimada ficava dentro de uma capela que foi destruída. O que essa imagem revela sobre a "violência em nome da fé"?

____

____

____

____

____

____

CLAUDIO REYES/AFP/GETTY IMAGES

Homem se inclina sobre uma cruz queimada entre os escombros de uma capela atacada em Cunco, Chile, em 2018.

Direitos universais

Muitas ações têm surgido na sociedade com o objetivo de mudar essa mentalidade intolerante, preconceituosa e discriminatória. O dia 21 de janeiro, por exemplo, passou a ser considerado o Dia Nacional de Combate à Intolerância Religiosa, determinado pela Lei Federal nº 11.635, de 27 de dezembro de 2007.

A data foi escolhida por marcar a morte de Gildásia dos Santos, a Mãe Gilda, ocorrida em 2000, após uma série de complicações relacionadas ao fato de ter sido agredida moralmente e tratada como charlatã por causa de sua tradição religiosa, o Candomblé. O caso se tornou símbolo da luta contra a intolerância religiosa.

Leis como essa são criadas com o objetivo de proteger segmentos vulneráveis da sociedade. Elas vêm consolidar o que dizem leis mais abrangentes, como a Constituição brasileira e a Declaração Universal dos Direitos Humanos, que afirma:

FERNANDO VIVAS/FOLHAPRESS

Busto de Mãe Gilda, na cidade de Salvador (BA).

Artigo 1º

Todos os seres humanos nascem livres e iguais em dignidade e em direitos. Dotados de razão e de consciência, devem agir uns para com os outros em espírito de fraternidade.

[...]

Artigo 18º

Toda a pessoa tem direito à liberdade de pensamento, de consciência e de religião; este direito implica a liberdade de mudar de religião ou de convicção, assim como a liberdade de manifestar a religião ou convicção, sozinho ou em comum, tanto em público como em privado, pelo ensino, pela prática, pelo culto e pelos ritos.

Artigo 26º

1. Toda a pessoa tem direito à educação. [...]
2. A educação [...] deve favorecer a compreensão, a tolerância e a amizade entre todas as nações e todos os grupos raciais ou religiosos, bem como o desenvolvimento das actividades das Nações Unidas para a manutenção da paz.

ONU. **Declaração Universal dos Direitos Humanos**. Disponível em: https://brasil.un.org/pt-br/91601-declaracao-universal-dos-direitos-humanos. Acesso em: 23 fev. 2024.

EM GRUPO

Reúna-se com os colegas e criem juntos um manifesto sobre a violação dos direitos humanos em relação à liberdade religiosa no Brasil. Discutam o assunto, façam um rascunho com a contribuição de todos e, após revisarem as ideias apresentadas, redijam o texto final. Depois, afixem o manifesto em um lugar bem visível da escola, para que outros estudantes tenham acesso a ele.

ARTE QUE ENCANTA

Por meio das linguagens artísticas, diversos artistas mobilizam seus repertórios e desejos para comunicar, de maneira poética e sensível, aquilo que pensam e sentem.

O artista visual mineiro Geraldo Lacerdine (1977-) busca comunicar ao leitor de suas obras a importância do amor ao próximo, da justiça e da compaixão. Para isso, ele retrata, em suas pinturas, cenas e elementos sagrados da religião católica, buscando valorizar o lado humano da santidade.

Em sua pintura **Aconchego**, Lacerdine questiona a representação da Sagrada Família comumente vista em obras de arte europeias, nas quais as figuras humanas são majoritariamente brancas, caucasianas. Buscando aproximar as imagens sagradas da realidade brasileira, o artista representou Maria, José e o menino Jesus com traços negros.

No Brasil, a arte sacra seguiu os modelos europeus de representação de cenas bíblicas. Assim, a visão e o estereótipo europeus ficaram incutidos no imaginário brasileiro.

As obras mais reconhecidas e consagradas que representam a Sagrada Família trazem figuras humanas brancas, fazendo com que os traços caucasianos fossem associados à perfeição e à pureza. Na próxima página, veja dois exemplos de representações da Sagrada Família em obras de arte sacra europeias.

Aconchego, de Geraldo Lacerdine. 2014. Acrílico sobre tela com aplicação de folha de ouro. 100 cm × 140 cm.

COLEÇÃO PARTICULAR

A Sagrada Família com um pastor, de Ticiano. c. 1510. Óleo sobre tela. 99,1 cm × 139,1 cm. The National Gallery, Londres, Reino Unido.

A Sagrada Família com São João Batista criança, de Andrés de Concha. c. 1585. Óleo sobre madeira. 132 cm × 118 cm. Museo Nacional de Arte, Cidade do México, México.

1. Em inúmeras obras, de artistas consagrados mundialmente, os integrantes da Sagrada Família são representados como pessoas brancas. Converse com os colegas sobre as consequências negativas da falta de diversidade étnica na representação de obras de arte sacra cristãs.

2. Leia o que Geraldo Lacerdine diz sobre sua produção artística. Depois, converse com os colegas sobre as perguntas a seguir.

> Comecei a perceber que na arte sacra há grande exclusão em relação a outros padrões de beleza, da cor negra, dos indígenas etc. Percebi também que as religiões continuam negligenciando e excluindo muita gente da arte sacra. Se isso acontece, vou tentar incluir, fazer um tipo de arte que diferencie um pouco desses padrões eurocêntricos. [...]

FRANÇA, Lucas. Diversidade no Sagrado, **Jornal da PUC**, 20 set. 2018. Disponível em: http://jornaldapuc.vrc.puc-rio.br/cgi/cgilua.exe/sys/start.htm?infoid=9605&sid=29. Acesso em: 23 fev. 2024.

a) Quais elementos da pintura **Aconchego** visam valorizar a diversidade étnica e romper com preconceitos?

b) Segundo os dados da Pesquisa Nacional por Amostra de Domicílios de 2021, mais da metade da população brasileira se autodeclara preta ou parda. Com base nesse dado, explique a importância de artistas brasileiros diversificarem as etnias representadas em suas obras de arte sacra. Justifique sua resposta.

OS POVOS E O SAGRADO

A diversidade de tradições religiosas existentes é, por si mesma, uma resposta aos múltiplos anseios e expectativas dos seres humanos na busca por uma sociedade harmônica, justa e fraterna.

Nos textos sagrados de várias tradições religiosas, são comuns as referências a essa condição do humano perante o divino. Sobre isso, leia, a seguir, um trecho do Corão.

> Ó crentes, que nenhum povo zombe de outro; é possível que (os **escarnecidos**) sejam melhores do que eles (os **escarnecedores**). [...] Não vos difameis, nem vos **motejeis** mutuamente com apelidos. [...] Não vos **espreiteis**, nem vos calunieis mutuamente. [...] Ó humanos, em verdade, [...] vos dividimos em povos e tribos, para reconhecerdes uns aos outros.

Corão, 49ª surata, versículos 11-13.

Escarnecedor: aquele que zomba; que menospreza.
Escarnecido: que sofreu zombaria; que foi menosprezado.
Espreitar: vigiar; observar ocultamente.
Motejar: proferir palavra ou comentário de zombaria.

MEHMET CETIN/SHUTTERSTOCK.COM

Exemplar do Corão, livro sagrado dos muçulmanos.

1 Relacione esse trecho do Corão à obra de Lacerdine apresentada na página 120.

____

____

____

2 Sintetize o que diz o trecho citado do Corão.

____

____

____

O CUIDADO COM O MUNDO

Se o racismo e a intolerância religiosa são uma realidade em nosso país, existem, por outro lado, pessoas corajosas que lutam contra esses comportamentos. Um exemplo disso é o trabalho do fotógrafo brasileiro Gui Christ (1980-). Ele produziu uma série de fotografias que representa a resistência das religiões afro-brasileiras no país.

Leia o texto a seguir.

"M'Kumba" é o nome da exposição fotográfica de Gui Christ, [...] no mês em que se celebra o Dia de Combate à Intolerância Religiosa, no Instituto Pretos Novos, no Rio de Janeiro. [...] Tudo na obra desse artista premiado internacionalmente [...] revela seu engajamento no combate ao racismo religioso.

"Há séculos a palavra 'macumba' vem sendo usada de forma pejorativa e foi desvirtuada pelos colonizadores. 'Kumba', no dialeto kicongo, falado na região centro-africana, quer dizer 'curandeiro', 'senhor da palavra', 'homem sábio'; e 'ma' é 'coletivo'. Então 'macumba' é o encontro de curandeiros. 'M'Kumba', a exposição, revela como as pessoas reafirmam sua fé num país em que os praticantes das religiões de matriz afro sofrem um ataque a cada três dias", define Christ, que traz pela primeira vez para o Brasil seu trabalho premiado internacionalmente.

A exposição, com 15 fotos e curadoria de Marco Antonio Teobaldo, já rodou o mundo, passando por Alemanha, Suíça, Argentina, Inglaterra e Índia, onde ganhou o Indian Photo Fest, foi finalista do Lensculture Portrait Awards 2022 e selecionado para a edição com as melhores imagens do fotojornalismo mundial segundo o Pulitzer Center.

[...]

"O trabalho do Christ expõe os líderes religiosos com beleza e desmistifica esse preconceito", diz o curador Marco Teobaldo, que percorreu centenas de fotos para escolher as 15 desse projeto. [...]

GUI CHRIST

Fotografia da exposição M'Kumba, de Gui Christ, em 2023.

Christ conta que escolheu esse título da exposição "para reafirmar quem são os kumbas hoje, como os afro-religiosos se portam e como resistem frente a essa intolerância religiosa". "É um resgate da nossa religiosidade. Essa exposição se apresenta como um instrumento eficaz de ação afirmativa no combate ao racismo religioso. Esse é o melhor termo para se usar, porque seria intolerância se acontecesse em mesmo nível e grau com todas as religiões, e vemos que isso não acontece", conta.

DINIZ, Ana Elizabeth. M'Kumba reafirma resistência das religiões africanas. **O Tempo**, 17 jan. 2023. Disponível em: https://www.otempo.com.br/interessa/m-kumba-reafirma-resistencia-das-religioes-africanas-1.2798767. Acesso em: 23 fev. 2024.

1. De acordo com a reportagem, identifique o objetivo do artista com sua exposição. Converse sobre ele com os colegas.

2. Cite, oralmente, outras estratégias que podem ser adotadas pela sociedade para lutar contra o racismo religioso.

OUTROS OLHARES

As práticas e os discursos intolerantes no campo religioso ao redor do mundo têm crescido ano a ano. Eles partem de pessoas que se mostram incapazes de aceitar escolhas diferentes das delas. Em outros casos, decisões de governantes afetam a vida de milhares de pessoas pelo fato de seguirem tradições religiosas distintas.

Muitos fluxos de refugiados no mundo contemporâneo são provocados por ações de perseguição e de violência religiosa.

Para refletir sobre o tema, leia os trechos de reportagens a seguir.

Se nos atemos ao que contam os Evangelhos, nos surpreendemos com o fato de que Jesus foi escandalosamente tolerante com pessoas e grupos com os quais nenhum homem, reconhecido como observante e exemplar do ponto de vista religioso, podia ser tolerante. Ao mesmo tempo em que se mostrou extremamente crítico com aqueles que se viam a si mesmos como os mais fiéis e os mais exatos em sua religiosidade. Jesus foi tolerante com os publicanos e pecadores, com as mulheres e com os samaritanos, com os estrangeiros, com os endemoniados, com as multidões dos gentios (óchlos), uma palavra dura que designava a "plebe que não conhecia a Lei e era maldita", no juízo dos sumos sacerdotes e dos fariseus observantes (Jo 7, 49; cf. 7, 45).

[...]

Com isso, há elementos suficientes para se ter uma ideia do "escandaloso" que devia ter sido a tolerância de Jesus. Ser tolerante com os que vivem e pensam como cada um vive e pensa, isso não é senão senso comum. O problema está em saber com o que temos que ser tolerantes. E que coisas não se deve tolerar. [...]

CASTILLO, María José. A escandalosa tolerância de Jesus. Tradução: Cepat. **Instituto Humanitas Unisinos**, 8 fev. 2011. Disponível em: https://www.ihu.unisinos.br/categorias/173-noticias-2011/40492-a-escandalosa-tolerancia-de-jesus. Acesso em: 23 fev. 2024.

[...] Em São Paulo, por exemplo, o pastor batista Marco Davi de Oliveira coordena um grupo de estudos sobre raça e evangelho com o objetivo de combater o racismo dentro da igreja, enquanto a pastora metodista Lídia Maria de Lima organiza eventos religiosos para fazer um alerta sobre a violência doméstica e praticar o que chama de "teologia feminista".

[...]

O pastor batista Marco Davi de Oliveira diz ter vivido na pele os efeitos [...] de discurso que liga a negritude a maldições. [...] "Isso só me fortaleceu porque percebi que, se causava tanto incômodo, devemos continuar falando sobre isso."

Oliveira organizou um grupo de estudos de raça com integrantes negros e brancos de diferentes segmentos evangélicos, batizado de Discipulado Justiça e Reconciliação.

"Temos batistas, pentecostais, presbiterianos, todos convivem muito bem", afirma Carlos Diogo, integrante do grupo. [...]

LOUREIRO, Gabriela. Evangélicos se unem para combater preconceito dentro das igrejas. **BBC Brasil**, 13 fev. 2017. Disponível em: https://www.bbc.com/portuguese/brasil-38637867. Acesso em: 23 fev. 2024.

OLIVE KITT/SHUTTERSTOCK.COM

O respeito ao próximo está na base das mais variadas religiões.

Agora, converse com os colegas sobre as questões a seguir.

1 De acordo com o primeiro texto, qual foi o exemplo de Jesus sobre tolerância?

2 No contexto das discussões do capítulo, como é possível interpretar a afirmação: "O problema está em saber com o que temos que ser tolerantes. E que coisas não se deve tolerar."?

3 O segundo texto descreve experiências organizadas por membros de Igrejas evangélicas no Brasil para lutar contra práticas intolerantes. Qual é a importância desse tipo de iniciativa para a construção de uma sociedade mais tolerante?

4 Leia a tirinha do personagem Armandinho.

- Como a mensagem da tirinha se relaciona com a questão da tolerância religiosa?

SAIBA +

Em Matemática, os gráficos são ferramentas que facilitam a análise e a interpretação de dados. O Datafolha, um instituto de pesquisa brasileiro, publicou uma série de gráficos analisando as crenças religiosas dos brasileiros. O gráfico a seguir evidencia a pluralidade religiosa do Brasil, além de destacar as religiões com o maior número de seguidores.

PESTANA, Matheus. A influência das religiões no Brasil. **Religião e poder**, 24 ago. 2021. Disponível em: https://religiaoepoder.org.br/artigo/a-influencia-das-religioes-no-brasil/. Acesso em: 23 fev. 2024.

ALÉM DA IMAGEM

No Oriente Médio, milhares de pessoas têm sido obrigadas a deixarem suas casas para escapar da violência e da morte causadas por grupos extremistas e fundamentalistas que destroem cidades inteiras, justificando suas ações como fidelidade à religião.

A imagem a seguir mostra o papa Francisco durante um evento na cidade Mosul, no Iraque, diante da Igreja Hosh al-Bieaa, destruída por ataques fundamentalistas.

MAURIX/GAMMA-RAPHO/GETTY IMAGES

Papa Francisco durante cerimônia em Mosul, Iraque, em frente à igreja em ruínas, em 2021.

- Qual é a importância simbólica de o papa participar de um evento diante de uma igreja destruída por grupos que praticam atos de intolerância?

TEIA DO CONHECIMENTO

Este capítulo abordou questões como discriminação, preconceito e intolerância, especialmente relacionadas à religião e ao racismo, as quais têm crescido em algumas partes do mundo.

Inúmeras ações têm sido realizadas para combater esse comportamento, mas há, ainda, um caminho a ser trilhado em busca da paz, da não violência e do respeito às diferenças. Todos podem participar dessas ações, contribuindo para a criação de uma sociedade mais tolerante e respeitosa no presente.

Uma forma de fazer isso é utilizando as ferramentas digitais disponíveis na internet.

Com a supervisão do professor, forme um grupo e siga o roteiro proposto.

1. Pesquisem mais informações sobre o problema da intolerância religiosa no Brasil e levantem dados e exemplos de situações concretas nas quais esse problema se manifesta.
2. Discutam estratégias que podem ser utilizadas para combater a intolerância e incentivar o diálogo e a tolerância na comunidade em que vivem.
3. Após a discussão, organizem as ideias pesquisadas debatidas em uma série de postagens que possam ser compartilhadas nas redes ou nas mídias sociais da escola. A série deve ser composta por, pelo menos, três postagens diferentes: explorando o problema da intolerância religiosa, um exemplo concreto de intolerância no país e ações para se combater essas situações.
4. Com o material pronto, compartilhem com os colegas em sala de aula e discutam o que foi produzido. O grupo deve avaliar as sugestões dos colegas e fazer os ajustes necessários. Ao final, sob a supervisão do professor, organizem o compartilhamento das postagens nas redes ou nas mídias sociais da escola.

TASHA ART/SHUTTERSTOCK.COM

CAPÍTULO 8

Identidade e alteridade

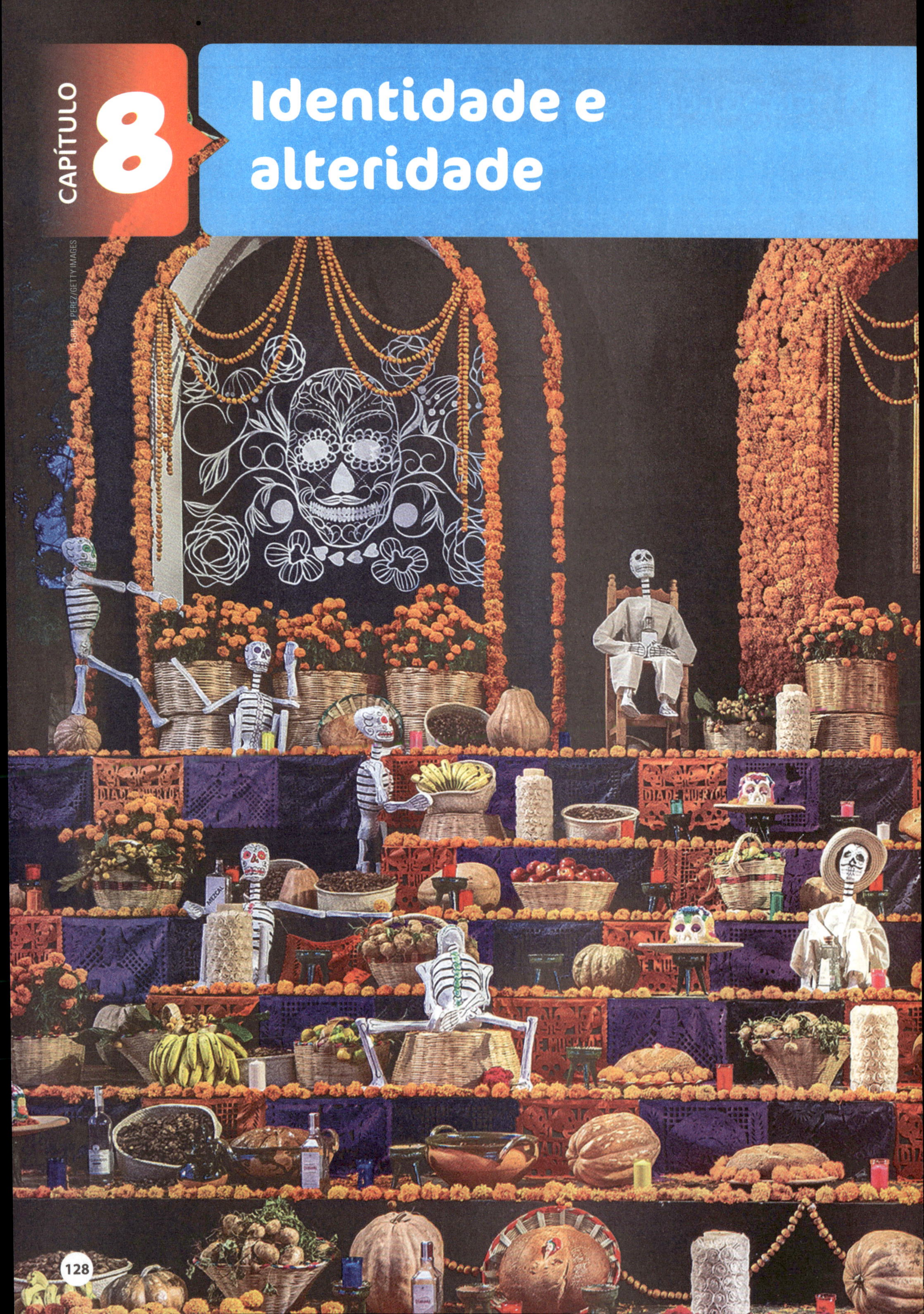

GABRIEL PEREZ/GETTY IMAGES

> [...] Só existe generosidade na medida em que percebo o outro como outro e a diferença do outro em relação a mim. Então sou capaz de entrar em relação com ele [...].
>
> FREI BETTO. **Alteridade**. Disponível em: www.freibetto.org/alteridade. Acesso em: 23 fev. 2024.

NOVOS HORIZONTES

O ritual do Dia dos Mortos, no México, é uma celebração popular que traz em primeiro plano a religiosidade e é uma das expressões da identidade cultural mexicana.

Sobre o tema, observe a imagem, converse com os colegas e responda.

a) O Dia dos Mortos, no México, é celebrado em 2 de novembro, igual ao Dia de Finados, feriado adotado em vários países. Quais semelhanças e diferenças você identifica entre essas celebrações?

b) No cotidiano, existem pessoas que pensam, agem e praticam suas crenças de modos diferentes. Como você convive com essas diferenças?

c) Você considera mais fácil conviver com quem pensa igual a você? É mais desafiador quando as diferenças na forma de pensar são de pessoas próximas ou mais distantes?

CONSTRUINDO SABERES

O eu e o outro

A palavra **alteridade** tem origem latina e deriva de *alter*, que quer dizer "outro", "diferente", "contrário". Se **identidade** diz respeito ao **eu** (identidade vem de *idem*, que significa "o mesmo"), **alteridade** está relacionada ao **outro**.

É a relação com as outras pessoas que nos torna únicos e marca nossa identidade. Nós nos completamos como seres humanos na medida em que convivemos com os outros. Cada um de nós é "percebido" de modos diferentes pelas outras pessoas. Da mesma forma, cada um de nós percebe o outro com um olhar próprio.

Assim, o outro é referência para sermos quem somos – não como modelo nem como pretexto para comparação, mas para que saiamos do nosso egocentrismo e passemos a enxergar para além de nós mesmos, tornando-nos mais humanos.

Além disso, a relação com o outro contribui para que o nosso "eu" amadureça e se modifique ao longo do tempo. No decorrer da vida, nós nos relacionamos com muitas pessoas e com elas fazemos trocas: de informações, de conhecimento, afetivas etc. É nessas trocas que podemos aprender o real sentido da palavra **alteridade**, ou seja, tornamo-nos capazes de compreender o outro como pessoa plena de direitos, qualidades e limites tanto quanto nós mesmos.

A consciência da alteridade, a consciência de que o outro é também consciência, é o que torna possível reduzir conflitos nas relações pessoais e sociais; daí, a importância da aceitação da alteridade no campo da experiência religiosa. Aceitar e valorizar o pluralismo religioso é fator de enriquecimento humano e cultural, além de superação de preconceitos e de conflitos. Unindo forças, com base na valorização e na aceitação da alteridade, as religiões colaboram para a construção de um mundo mais igualitário e pacífico.

Todos os indivíduos têm uma identidade individual e uma coletiva, a qual é partilhada com outras pessoas. São exemplos de identidade coletiva as comunidades religiosas, nas quais as pessoas compartilham valores, crenças e ideais.

GIL COHEN MAGEN/XINHUA EYEVINE//IMAGEPLUS

Judeus em ritual Tashlich, antes do Yom Kippur (Dia do Perdão), à beira do mar Mediterrâneo, em Ashdod, Israel.

HUGH SITTON/STONE/GETTY IMAGES

Membros da ordem dos dervixes, da tradição islâmica sufi, em dança ritual.

IMAGINISTOCK BATISTANGB/SHUTTERSTOCK

Multidão de católicos na Jornada Mundial da Juventude, em Lisboa, 2023.

NATALIA GOLOVINA/SHUTTERSTOCK.COM

A alteridade pode ser percebida em nossa relação com pessoas que têm costumes radicalmente diferentes dos nossos. Na imagem, jovem durante celebração de seu povo em Papua-Nova Guiné, na Oceania.

NDAB CREATIVITY/SHUTTERSTOCK.COM

No relacionamento com o outro, além de formarmos nossa identidade, aprendemos o sentido de alteridade.

O que dizem os filósofos?

Hannah Arendt, filósofa alemã de origem judaica.

Emmanuel Lévinas, filósofo lituano estabelecido na França.

A filósofa alemã Hannah Arendt (1906-1975) considerava que a relação de igualdade entre os seres humanos é uma construção que se faz no vínculo com o outro, de maneira livre e fundamentada nos direitos humanos. Quando essa experiência com o próximo não acontece, o que vem à tona é o domínio de um sobre o outro. Quando as pessoas não são capazes de se relacionar, o diálogo e o encontro dão lugar à força e à violência.

Emmanuel Lévinas (1906-1995), filósofo lituano de origem judaica, via que a relação entre os seres humanos deveria ser diferente. Para ele, na sociedade atual, ela é baseada na falta de corresponsabilidade e na preocupação excessiva consigo mesmo. Assim, o outro é visto apenas como um objeto para satisfazer aos próprios interesses. Para o filósofo, os seres humanos precisam compreender que não estão sozinhos neste mundo e, por isso, devem ser responsáveis pelo outro. O "eu" precisa ultrapassar a barreira do egoísmo, chegando a uma ação ética responsável pelo cuidado de outro, independentemente de quem quer que seja esse "outro": se é conhecido ou não, se seus modos nos agradam ou não, se pertence ou não à nossa tradição religiosa.

Lévinas defende, portanto, uma relação com o outro baseada na ética desinteressada, compassiva, comprometida e gratuita, uma vez que não devo esperar nenhuma retribuição vinda do outro. Em uma relação assim, não cabe um olhar de medo do desconhecido nem a violência da exclusão; ao contrário, há espaço para o respeito e para o acolhimento.

AMPLIANDO

A aversão a estrangeiros é chamada de xenofobia, uma forma de preconceito relacionada a culturas, hábitos e crenças que divergem das mais comumente praticadas no país. Esse sentimento, em muitos casos, resulta em ações violentas contra os estrangeiros, ferindo os direitos humanos.

Para conhecer maneiras de combater a xenofobia, acesse o *QR Code*.

https://s.ftd.li/Plenarinho

1. Analise a afirmação: "É no relacionamento com o outro que se aprende o sentido de alteridade" e registre suas reflexões.

2. Para Hannah Arendt e Emmanuel Lévinas, a noção de alteridade propõe relações construtivas, nas quais as pessoas são valorizadas. Como você vê a experiência da alteridade em seu cotidiano?

MAKSTORM/SHUTTERSTOCK.COM

Alteridade na escola

A escola é um espaço privilegiado para a construção de relações baseadas na alteridade. Por ser um ambiente permeado pela diversidade e pela multiplicidade, representa uma oportunidade de compreender as muitas formas de ser, estar, pensar, sentir e viver.

Em um ambiente assim, é possível construir relações mais horizontais, fraternas, nas quais a ajuda é recíproca; e o respeito, a regra geral.

MASKOT/GETTY IMAGES

Na escola, as relações com pessoas que apresentam modos diversos de ser são potencializadas.

3 Como sua escola lida com a questão das diferenças? Reflita sobre essa pergunta e converse com os colegas a respeito. Indique os pontos com os quais vocês concordam e aqueles de que discordam.

KANPISUT/SHUTTERSTOCK.COM

Pontos em que concordamos

Pontos de que discordamos

KANPISUT/SHUTTERSTOCK.COM

4 Indique os principais traços de identidade entre os colegas de sua turma.

5 O que você sugeriria para desenvolver o exercício da alteridade entre pessoas e povos? Explicite.

EM GRUPO

Pesquise em jornais e na internet notícias sobre as condições dos refugiados no Brasil e no mundo. Elenque as principais informações da notícia, como o local, a data, quem são os refugiados, os motivos que os levaram a sair dos seus lugares de origem e as condições que enfrentam. Depois, compartilhe as informações com os colegas, ouça os resultados da pesquisa deles e, na sequência, discutam a relação entre alteridade e direitos humanos.

ARTE QUE ENCANTA

É no encontro e na construção do diálogo com o outro que o ser humano se reconhece como pessoa. No entanto, as condições primeiras para entrar em comunhão com o próximo são a abertura e a generosidade.

Pensar apenas em si mesmo é uma postura que contraria a possibilidade de comunhão e contato sinceros. E o ser humano é uma teia de fios que se conectam a muitas outras teias, compondo uma rede em que todos estão, em algum nível e de algum modo, relacionados.

Observe a obra **Laço de união**, do artista holandês Maurits Cornelis Escher (1898-1972).

Laço de união, de M.C. Escher. 1956. Litografia. 25,4 cm × 33,97 cm. Galeria Nacional de Arte, Washington, DC, EUA.

1. Observe novamente a obra e descreva o movimento que ela apresenta.

____

____

____

____

MELITAS/SHUTTERSTOCK.COM

2 Analise o olhar das pessoas no quadro e responda:

- Como você interpreta essa representação?

____

____

3 Relacione a obra de Escher ao que estudamos sobre alteridade e ao papel das tradições religiosas na sociedade.

____

____

____

____

Leia o poema ao lado, do poeta português Fernando Pessoa (1888-1935), que fala de identidades assumidas pela "voz" que se expressa por meio dos versos.

Não sei quantas almas tenho

Não sei quantas almas tenho.
Cada momento mudei.
[...]
Atento ao que sou e vejo,
Torno-me eles e não eu.
Cada meu sonho ou desejo
É do que nasce e não meu.
Sou minha própria paisagem,
Assisto à minha passagem,
Diverso, móbil e só,
Não sei sentir-me onde estou.
[...]

PESSOA, Fernando. Não sei quantas almas tenho. **Arquivo Pessoa**. Disponível em: www.arquivopessoa.net. Acesso em: 23 fev. 2024.

4 Interprete o poema e assinale a alternativa que sintetiza sua ideia principal.

- [ ] A identidade do eu lírico está em construção.
- [ ] O eu lírico se reconhece na identidade do outro.

5 Identifique a relação existente entre a obra de Escher e o poema de Fernando Pessoa.

____

____

____

MELITAS/SHUTTERSTOCK.COM

OS POVOS E O SAGRADO

No trecho a seguir, extraído da Bíblia hebraica, o profeta Jeremias anuncia que Deus reunirá e conduzirá o povo de Israel.

Essa segurança na proteção divina é uma experiência de transcendência. A fé mantéma identidade desse povo.

> "E agora, portanto, assim disse o Eterno, o Deus de Israel [...]. Hei de resgatá-los de todos os países para onde os dispersei [...] e trazê-los de volta a este lugar, onde os assentarei em segurança! Então serão o Meu povo e Eu serei o seu Deus! E dar-lhes-ei um coração e os conduzirei a um caminho, através dos quais mantenham para sempre seu temor por Mim, para seu bem e para o de seus descendentes depois deles."

Bíblia hebraica. Jeremias 32,36-40.

ZVONIMIR ATLETIC/SHUTTERSTOCK.COM

Profeta Jeremias, mosaico na fachada da Basílica de São Paulo, em Roma, Itália.

- Transcreva do texto uma afirmação que demonstre a proximidade entre Deus e Seu povo. Justifique sua escolha.

____

____

____

____

EM GRUPO

Vamos organizar uma discussão com o tema "Hábitos cotidianos religiosos que constroem identidades coletivas". Para isso, siga as instruções do professor.

BIBADASH/SHUTTERSTOCK.COM

O CUIDADO COM O MUNDO

Uma das boas experiências que proporcionam um encontro real com o outro e podem refletir a essência da alteridade é o voluntariado. Quando se é capaz de sair de seu próprio mundo e entrar verdadeiramente em contato com o outro, movido pelo amor gratuito e generoso, vive-se uma autêntica experiência de alteridade.

Conheça o trabalho de Garcia Rodrigues.

O skatista profissional Garcia Rodrigues criou um projeto para incentivar jovens da Fundação Casa de Itapetininga (SP) a praticarem o esporte. Segundo Garcia, o objetivo é fazer com que os internos enxerguem novas oportunidades de vida.

[...] Atualmente, ele é skatista profissional e empresário da filha, Isabelly Ávila, que também segue carreira no esporte.

"Meu foco é ajudar para que esses adolescentes consigam dar a volta por cima, trilhando novos caminhos. Quero ser um braço para eles mudarem de vida e enxergarem novas oportunidades, não só no skate, mas em qualquer outra escolha que eles tiverem", destaca Garcia.

[...]

Garcia Rodrigues disse que o projeto surgiu com a intenção de ajudar alunos de escolas, clínicas e da própria Fundação Casa. No entanto, para participar do projeto, os internos precisam ter um bom comportamento.

MATEJ KASTELIC/SHUTTERSTOCK.COM

BRUNO, Bárbara. Com projeto voluntário, skatista profissional incentiva jovens da Fundação Casa a praticarem esporte. **G1**, 17 abr. 2022. Disponível em: https://g1.globo.com/sp/itapetininga-regiao/noticia/2022/04/17/com-projeto-voluntario-skatista-profissional-incentiva-jovens-da-fundacao-casa-a-praticarem-esporte.ghtml. Acesso em: 23 fev. 2024.

1 O texto evidencia a possibilidade de impacto positivo do voluntariado na comunidade. Discuta com os colegas a importância de ações como essa organizada pelo skatista.

2 Quais outras estratégias podem ser utilizadas por pessoas interessadas em praticar o voluntariado para promoção de mudanças positivas em sua comunidade? Reflita sobre essa questão com os colegas.

https://s.ftd.li/Skate

Para conhecer outro projeto que usa o *skate* como forma de aproximação de jovens com a cidadania, acesse o *QR Code*.

BIBADASH/SHUTTERSTOCK.COM

OUTROS OLHARES

Para além das vivências pessoais, e tão importante quanto elas, tem-se a experiência da alteridade que acontece no diálogo inter-religioso.

Um exemplo disso foi a organização do VII Congresso de Líderes das Religiões Mundiais e Tradicionais, que contou com a participação do papa Francisco e de outras autoridades religiosas. Leia a reportagem a seguir a respeito do encontro.

No Cazaquistão, a quinta-feira [15/09/2022] marca o encerramento do VII Congresso de Líderes das Religiões Mundiais e Tradicionais com a leitura da Declaração Final do evento que reuniu, em Nursultan, mais de cem delegações. [...] O Papa Francisco participou da abertura e das conclusões da assembleia, onde fez um discurso falando sobre a Declaração Final, o direito concreto da liberdade religiosa, o caminho urgente do diálogo inter-religioso e o apelo para se empenhar pela paz e não pelos armamentos.

[...] o documento representa uma posição comum entre os participantes do Congresso pensando nas gerações futuras e é dividido em 35 pontos para "aumentar o diálogo entre confissões, religiões e civilizações". Os líderes declaram que o evento representa "esforços conjuntos para reforçar o diálogo civil em nome da paz e da cooperação".

Sobre conflitos militares, os participantes do Congresso acreditam que são atos que podem gerar tensões e reações em cadeia, destruindo o sistema de relações internacionais. [...]

O pluralismo e as diferenças de religião, assim como de raça, gênero e linguagem, diz a Declaração, "são uma expressão da sabedoria da vontade de Deus, com a qual Ele criou o homem", razão pela qual qualquer ato de coerção "para com uma determinada religião ou doutrina religiosa" é inaceitável. O texto pede apoio para qualquer iniciativa destinada a implementar o diálogo inter-religioso e interconfessional [...] reconhece a importância do papel dos líderes das religiões e da diplomacia religiosa. A tolerância, o respeito e a compreensão mútua são solicitadas e devem ser, portanto, "o objetivo de toda pregação religiosa".

Um texto para as gerações futuras

A Declaração exige ainda a não identificação do extremismo e do terrorismo com nações e religiões amantes da paz; a expansão do papel da educação e da instrução religiosa; o fortalecimento da instituição da família; a igualdade de gênero nas sociedades e a proteção da dignidade e dos direitos da mulher. O texto também pede apoio para áreas do mundo afetadas por conflitos militares e desastres naturais ou causados pelo homem, assim como organizações internacionais e governos nacionais em seus esforços para superar as consequências da pandemia do coronavírus.

Os líderes das religiões do mundo assinaram o documento, assim, na promessa de dar novos passos em favor da paz [...].

COLLET, Andressa. Líderes religiosos no Cazaquistão, unidos em defesa do diálogo e da paz. **Vatican News**. Disponível em: https://www.vaticannews.va/pt/vaticano/news/2022-09/papa-francisco-viagem-cazaquistao-declaraco-final-congresso-2022.html. Acesso em: 23 fev. 2024.

1. De acordo com os participantes do congresso, como os praticantes das diversas religiões devem se posicionar perante o pluralismo de ideias e crenças?

2 Qual é a importância da assinatura do documento do congresso por líderes cristãos e islâmicos?

3 Como é possível aplicar na vida cotidiana os princípios da Declaração Final, descritos no texto?

4 Analise o cartaz a seguir, produzido pela Pastoral da Juventude da Diocese de Nova Iguaçu (RJ), e discuta com os colegas as questões a seguir.

Cartaz da Pastoral da Juventude da Diocese de Nova Iguaçu (RJ), 2023.

a) Qual é a mensagem proposta pelo cartaz?

b) É possível relacionar os ideais do cartaz à proposta da Declaração Final?

SAIBA +

A festa de Deepavali (ou Diwali), também chamada de Festa das Luzes, une diferentes religiões. É comemorada pelo Hinduísmo, pelo Siquismo, pelo Budismo e pelo Jainismo, e é celebrada em diversas partes do mundo. As pessoas comemoram a vitória do bem sobre o mal, vestem roupas novas, acendem lamparinas e lançam fogos de artifício.

VISHAL BHATNAGAR/NURPHOTO/GETTY IMAGES

Festa das Luzes em Nova Délhi, Índia, em 2022.

ALÉM DA IMAGEM

No mundo contemporâneo, existem praticantes de diversas tradições religiosas que não podem exercer livremente suas crenças, sofrendo a perseguição de movimentos fundamentalistas ou de governos que enxergam com desconfiança tais crenças. Um exemplo disso é a situação dos uigures, uma minoria chinesa que pratica o Islamismo.

A imagem a seguir mostra uma manifestação da comunidade uigure, que vive na Holanda, protestando contra a participação de países europeus nos Jogos Olímpicos de Inverno de 2022, que ocorreram na China. Observe a imagem.

ROMY ARROYO FERNANDEZ/ NURPHOTO/GETTY IMAGES

Membros da comunidade uigure protestam em Amsterdã (Holanda) contra os Jogos Olímpicos em Pequim (China), em 2022. No cartaz segurado pela manifestante, lê-se "sem direitos, sem jogos".

- De que forma a manifestação da comunidade uigure se relaciona à luta pelo direito às crenças religiosas?

TEIA DO CONHECIMENTO

Neste capítulo, você expandiu seus conhecimentos sobre identidade e senso de alteridade e refletiu sobre a importância do respeito às diferenças de religião, pensamento, etnia, valores etc.

Por meio de uma entrevista e de uma escuta realmente atenta, é possível compreender os valores e as crenças alheias, ampliando o diálogo e a possibilidade de se relacionar com o outro de forma mais acolhedora.

Em dupla, com a supervisão do professor, escolha uma pessoa de sua comunidade para entrevistar, gravando material para a criação de um trecho de um *podcast*. Para isso, acompanhe o roteiro a seguir.

VH-STUDIO/SHUTTERSTOCK.COM

INCOMIBLE/SHUTTERSTOCK.COM

1 Inicialmente, com o auxílio de sua dupla, crie um roteiro de perguntas para a realização da entrevista. O objetivo é compreender a maneira como o entrevistado reflete sobre a própria identidade e como se relaciona com a alteridade. Assim, as perguntas devem tratar de temas relacionados a esses dois conceitos. É importante que a etapa da entrevista seja supervisionada por um responsável. Algumas sugestões são:

- Como você se descreve?
- Como as roupas que você veste, as músicas que escuta e os alimentos que consome ajudam a definir sua identidade?
- Quais crenças ou costumes são importantes para a definição de sua identidade?
- Como você se relaciona com pessoas que acreditam em crenças diferentes das suas?

2 No momento de realização da entrevista, é importante utilizar um aparelho para gravar as respostas. Aparelhos celulares podem ser utilizados com essa finalidade. Aplique as perguntas criadas anteriormente, mas, conforme a interação com o entrevistado progredir, aproveite a entrevista para elaborar novas perguntas com base nas respostas do entrevistado, enriquecendo o trabalho.

3 Após a entrevista, avalie o material produzido e organize-o para a preparação do *podcast*. Durante a edição, é possível cortar trechos da entrevista, deixando o material mais conciso e dinâmico.

4 Com a entrevista preparada, apresente o material aos colegas em sala de aula. Depois, reflita sobre a importância de se dialogar e se respeitar a alteridade, conhecendo as crenças e os valores do outro.

CAPÍTULO 9

Religiões cuidando da vida

O mistério mora no que nos parece insignificante: no criptar do fogo, na queda de uma folha, nas bolhas de sabão, no estranho prazer de ver a chuva cair, na teia da aranha que a tece a partir de um único fio, na ordem que há no mundo que funciona sem nossa permissão. [...]

MUNDURUKU, Daniel. Olhar para trás para saber quem somos.[Entrevista cedida a Carola Saavedra]. **Rascunho**: o jornal de literatura do Brasil, ed. 251, mar. 2021. Disponível em: https://rascunho.com.br/liberado/olhar-para-tras-para-saber-quem-somos. Acesso em: 23 fev. 2024.

FABIO COLOMBINI

NOVOS HORIZONTES

Para os povos indígenas, a natureza representa muito mais do que um meio de subsistência; é o suporte da vida social, ligada aos seus sistemas de crenças e conhecimentos. Além de manter uma atitude de respeito e de harmonia com a natureza, diversos povos indígenas consideram os elementos da natureza seres divinos, o que é uma característica das religiões animistas.

Sobre o tema, observe a imagem, converse com os colegas e responda.

a) O que a epígrafe e a imagem mostram sobre a importância da natureza para nossa vida?

b) O que significa "cuidar da vida"?

c) Como as religiões podem contribuir para esse cuidado?

CONSTRUINDO SABERES

O Transcendente e as dimensões da vida

Pai e filho muçulmanos rezam a Alá em mesquita.

Cuidar dos mais vulneráveis é um ato de compaixão.

Diante dos desafios da vida, o ser humano elabora filosofias e crenças para responder a questões profundas de nossa existência, como: "De onde viemos?", "Quem somos?" e "Para onde vamos?".

Contudo, questões urgentes – por exemplo, a fome, a desigualdade e a destruição do planeta – fazem-nos pensar sobre como vivemos em sociedade e como garantimos direitos humanos econômicos, sociais, culturais e ambientais.

A grande maioria das religiões contribui com a discussão sobre esses problemas e propõe um projeto de mundo calcado em valores como a justiça, a paz, o amor, o perdão e o cuidado com todas as formas de vida. Os indivíduos que seguem uma religião não devem restringir sua participação aos ritos e às celebrações, mas devem expressar, em sua vida pessoal, a vivência desses valores e participar ativamente, como cidadãos e cidadãs, na construção de uma sociedade em que esses valores estão presentes. É a isso que chamamos dimensão política da religião, ou seja, o compromisso que toda tradição deve ter com a promoção da dignidade da pessoa e da igualdade de direitos. Desse modo, movidos pela fé, homens e mulheres e as religiões, na qualidade de instituições da sociedade civil, não ficam neutros nem indiferentes quando se deparam com todas as formas de exclusão, injustiças, mentiras e violências que afetam a humanidade. De forma organizada, engajam-se para exigir do poder público ações integrais que garantam direitos.

Vamos conhecer alguns organismos das diferentes tradições religiosas, criados para a defesa da vida nas suas mais diferentes formas.

Conselho Indigenista Missionário (Cimi)

É um organismo vinculado à Conferência Nacional dos Bispos do Brasil (CNBB), composto por missionários leigos e por religiosos católicos. Atua desde 1972, promovendo as grandes assembleias indígenas. Uma de suas atuações marcantes na luta das lideranças foi a conquista da demarcação do território do povo Bororo. Chamada de "Área Indígena Meruri", o território foi demarcado em 1976, possibilitando que tivessem o direito de autodeterminação e de preservação de sua cultura.

Após o genocídio do povo Bororo, em 1967, havia apenas 87 indígenas dessa etnia. Após três anos da demarcação, a população Bororo somava 386 indígenas. Atualmente, já são mais de 650.

Indígenas de etnia Bororo em General Carneiro (MT), em 2015.

Conselho do Parlamento das Religiões do Mundo

Órgão internacional não governamental de diálogo inter-religioso, comprometeu-se a contribuir para uma ordem mundial melhor; a lutar pelos direitos humanos, pela liberdade, pela justiça, pela paz e pela preservação do planeta; e a construir uma política baseada na convivência pacífica entre as pessoas e as religiões.

VASARA/PULSAR IMAGENS

Construir um mundo melhor é responsabilidade de todos.

Conselho Mundial de Igrejas

Diversos líderes religiosos do Conselho Mundial de Igrejas se comprometeram, em parceria com um programa da Organização das Nações Unidas (ONU) dedicado ao combate da aids, a auxiliar na redução da discriminação às pessoas com a doença; no aumento do acesso aos serviços especializados relacionados ao HIV; na defesa dos direitos humanos; e na garantia do tratamento especial para crianças com HIV que desenvolvem a doença após o nascimento.

No campo da educação, muitas escolas oferecem ensino de qualidade fundamentado em valores religiosos, como escolas batistas, adventistas e católicas. A Igreja Católica também é mantenedora de muitas creches e abrigos, dando suporte a famílias e a crianças em situação de vulnerabilidade.

UNAIDS BRAS

Campanha do Programa Conjunto das Nações Unidas sobre HIV/aids (Unaids), que combate a discriminação.

1 Partindo desses exemplos, explique a relação entre a religião e a política.

____

____

2 Relacione como as tradições religiosas podem colaborar para uma política humanizadora da sociedade.

____

____

____

____

3 Imagine a seguinte situação:

PLAM PETROV/SHUTTERSTOCK.COM

Na cidade de Virtualópolis, um grupo de religiosos recém-chegados percebeu que não havia universidades na região e que, por isso, havia forte migração para outros lugares. Diante desse quadro, o grupo fundou uma universidade para o público geral da cidade e da região. Entretanto, ao se aproximar ainda mais da realidade da população do município, percebeu a necessidade de criar iniciativas de infraestrutura, como creches, cursos profissionalizantes, de cooperativismo e empreendedorismo socioambiental para artesãos, além de aprimorar os Ensinos Fundamental e Médio. Para isso, o grupo fez parcerias com diversas organizações sociais locais e com secretarias municipais.

Na situação fictícia apresentada, percebe-se que houve uma reação em cadeia: para chegar à universidade e evitar a migração, foi necessário criar infraestrutura para alcançar esse objetivo. Discuta as questões propostas com os colegas.

a) Quais foram essas infraestruturas?

b) Quais os parceiros envolvidos na ação?

c) Esse pode ser considerado um bom exemplo de participação política? Justifique.

d) Imagine a cidade de Virtualópolis após alguns anos dessas iniciativas. Quem se beneficiou com o desenvolvimento da cidade?

e) Você reconhece, em sua comunidade ou região, exemplos de parcerias que beneficiaram a população? Caso não reconheça, quais poderiam existir?

O ser humano em relação com a natureza

A dimensão religiosa do ser humano está ligada a vários aspectos de sua vida, inclusive àqueles relacionados ao meio ambiente. Além disso, nos últimos anos, tem sido relevante o papel desempenhado pelas religiões na proteção do meio ambiente e das diferentes formas de vida.

Veja alguns exemplos de como as tradições religiosas se relacionam com a natureza:

- Os povos indígenas da América Latina têm formas coletivas de trabalho que respeitam o ser humano e a natureza. A espiritualidade desses povos considera a Terra como uma mãe que sustenta a vida. Chamam isso de "bem viver".
- O Hinduísmo baseia-se no conceito da onipresença do divino. Os hindus consideram sagrados diversos de seus rios, bem como alguns animais. Na Índia, as vacas são consideradas sagradas e boa parte da população não consome carne bovina.
- O Judaísmo ensina que o Criador confiou ao ser humano o cuidado do mundo, o que se reflete nas festas de agradecimento pelos frutos da natureza.
- Para as religiões afro-brasileiras, a natureza é uma forma de entrar em contato com a manifestação divina. Algumas divindades têm ligação direta com os elementos naturais e podem representar os rios, as matas, o oceano. Existe respeito e cuidado com as plantas e as águas, pois elas são utilizadas na comunicação com as divindades e na cura de doenças. As tradições religiosas de matriz africana ensinam que o ser humano alcança o equilíbrio convivendo harmoniosamente com todos os demais seres vivos.
- Na tradição cristã, cresceu nos últimos anos a consciência do cuidado com a proteção da Natureza, obra do Criador. Além disso, o Cristianismo afirma que Jesus veio ao mundo para que todos tivessem vida em abundância, o que não significa, em princípio, riqueza material, mas uma vida coletiva em harmonia e paz, que compreenda a natureza como espaço e fonte de vida.

AMPLIANDO

A ONU estabeleceu a data de 5 de junho para comemorar o Dia Mundial do Meio Ambiente. O objetivo é a conscientização da importância de preservar a natureza, propondo discussões e ações para a resolução dos problemas mais urgentes do planeta.

https://s.ftd.li/ONU

Para saber mais sobre a necessidade de proteção ao meio ambiente, acesse o *QR Code*.

ROMAN SAMBORSKYI/SHUTTERSTOCK.COM

4 Escolha um exemplo do texto e elabore uma síntese.

____

____

____

DIÁLOGOS

Encíclica é um documento papal que aborda algum tema que se quer ensinar. A segunda encíclica do papa Francisco, intitulada *Laudato si'* (em português, "Louvado seja") e publicada em 2015, convida as pessoas a refletirem sobre nossa casa comum, o meio ambiente, e sobre os impactos que causamos à vida no planeta Terra. Essa publicação foi um marco na história da Igreja Católica, na luta de ambientalistas e de países engajados na preservação e na utilização sustentável de recursos do meio ambiente.

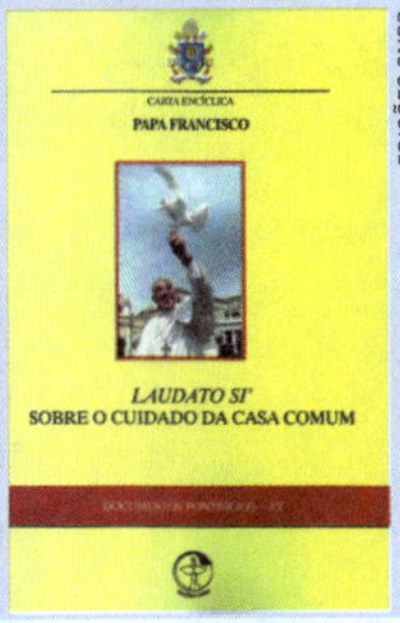

EDIÇÕES CNBB

Capa da obra *Laudato si'*, escrita pelo papa Francisco (edição da CNBB).

ARTE QUE ENCANTA

Vimos que as diferentes tradições religiosas, no interior de uma cultura e de uma sociedade, promovem a paz, aproximam as pessoas, cuidam da natureza e constroem um conjunto positivo de valores humanos.

Veja, a seguir, uma obra do pintor, escultor, gravador, fotógrafo e artista plástico Frans Krajcberg (1921-2017). Nascido na Polônia, de origem judaica, ele veio para o Brasil pela primeira vez em 1947, na tentativa de esquecer os horrores que sua família viveu durante a Segunda Guerra Mundial (1939-1945). Naturalizou-se brasileiro em 1957 e aqui morou até seu falecimento.

HUBERT FANTHOMME/PARIS MATCH/GETTY IMAGES

Escultura de Frans Krajcberg, instalada no Parque de Bagatelle, em Paris, França.

Krajcberg encontrou na natureza a melhor forma de expressar sua arte, que adquiriu um forte caráter de denúncia. Verdadeiro ativista ecológico, o artista retornava de suas viagens à Amazônia e ao estado de Mato Grosso com fotografias de queimadas e de devastações dessas regiões. Trazia, também, troncos e raízes queimados, elementos com os quais mostrava, por meio de sua arte, a indignação pela destruição do planeta.

1 Observe atentamente a escultura de Krajcberg feita com madeira queimada e a imagem seguinte, que retrata a destruição da floresta. Identifique os tons e as cores que prevalecem em ambas e explicite o que eles representam.

MICHAEL DANTAS/AFP/GETTY IMAGES

Parte da Floresta Amazônica destruída por incêndio em Apuí (AM), 2022.

2 Em uma entrevista de 2008, o artista afirmou:

"[...] Meu trabalho é minha revolta, meu grito contra a barbárie que o homem pratica. Precisamos fazer parar essa barbaridade.[...]"

HIRSZMAN, Maria. "Meu trabalho é um grito contra a barbárie" – Entrevista com Frans Krajcberg. **Estadão**, 22 out. 2008. Disponível em: http://estadao.com.br/cultura/artes/meu-trabalho-e-um-grito-contra-a-barbarie. Acesso em: 23 fev. 2024.

Observando novamente a escultura, explicite o grito que o artista tenta apresentar ao seu público.

OS POVOS E O SAGRADO

No relato da origem do mundo contido no Gênesis, primeiro livro da Torá e da Bíblia, Deus é descrito como o criador de todas as coisas. O trecho a seguir narra a criação dos alimentos para todo ser vivente sobre a terra.

MARILYN BARBONE/SHUTTERSTOCK.COM

> E Deus disse: "Eis que vos tenho dado toda erva que dá semente que (se acha) sobre a face de toda a terra, e toda árvore em que há fruto de árvore que dê semente; a vós servirá para comer. E para todo animal da terra, para toda ave dos céus e para tudo o que se arrasta sobre a terra, em que haja alma viva; toda verdura de erva será para comer!", e assim foi. E Deus viu tudo o que fez e eis que era muito bom. E foi tarde e foi manhã, o sexto dia.

Torá. Gênesis 1,29-31.

Releia o versículo 31 do livro do Gênesis:

> E Deus viu tudo o que fez e eis que era muito bom. [...].

- Reflita sobre a mensagem desse versículo e relate o que o ser humano vem fazendo ao longo de sua existência para conservar ou não a obra que Deus julgou boa, segundo a crença judaico-cristã.

O CUIDADO COM O MUNDO

Inúmeras lideranças religiosas trabalham diariamente para a construção de uma relação pacífica e de harmonia com a natureza e com o direito à vida. Uma delas é dom Roque Paloschi, arcebispo de Porto Velho, em Rondônia, que defende ser papel da Igreja lutar pela preservação da vida, o que inclui o cuidado com o meio ambiente.

Com o tema episcopal "Fiz-me servo" e seguindo os ensinamentos de papa Francisco, na encíclica *Laudato si'*, sobre o cuidado com a "casa comum", dom Roque acredita que é necessária uma formação ecológica integral, que passa pela conscientização de que tudo está interligado. Exemplo do trabalho desenvolvido por dom Roque é a utilização de recursos energéticos sustentáveis na arquidiocese, na catedral e no seminário de Porto Velho, com o aproveitamento do potencial solar da região. Vamos conhecer um pouco mais sobre sua biografia por meio de uma entrevista sobre a relação da Igreja com o meio ambiente?

[Pergunta]: Neste contexto em que celebramos os cinco anos da *Laudato Si'* dias atrás e agora a Semana do Meio Ambiente, como levarmos as pessoas a compreender que "O Senhor, que primeiro cuida de nós, ensina-nos a cuidar dos nossos irmãos e irmãs e do ambiente que Ele nos dá de prenda cada dia" (QA, 41)?

[Resposta]: [...] isso tudo é um forte apelo para que criemos consciência da grande necessidade de cuidar da nossa casa comum. Nós temos somente este espaço de moradia comum. Cuidar do bem comum é se preocupar com o bem-estar de todas as pessoas. Somos responsáveis por cuidar da terra, nossa casa comum, pois dela tiramos todo o nosso sustento. Se cuidarmos da terra, a terra cuida de nós, tudo está intimamente interconectado. [...]

[Pergunta]: Diante desses desafios que se apresentam, como a Igreja pode fortalecer sua atuação para defender a criação e os filhos de Deus que estão inseridos nas realidades mais afetadas pela destruição do meio ambiente?

[Resposta]: A Igreja assumiu ser aliada dos povos originários e amazônicos, com isso se compromete a escutar o grito dos pobres e da terra e fazer ressoar este grito, com denúncias das estruturas de morte, que exploram os povos da Amazônia.

Nossa missão é ser presença onde a vida estiver mais ameaçada, voz que anuncia e denuncia e assumir a defesa da vida, da terra e dos direitos, reconhecendo e valorizando o protagonismo dos povos.

ERALDO PERES/AP PHOTO/IMAGEPLUS

Dom Roque Paloschi ao lado de Suruí Pataxó, cacique da aldeia Barra Velha, no lançamento do relatório sobre a violência contra os povos indígenas no Brasil, na sede da Conferência Nacional dos Bispos do Brasil (CNBB), em Brasília (DF), setembro de 2019.

ENTREVISTA: dom Roque Paloschi comenta relação da Igreja com o cuidado do meio ambiente. **CNBB**, 4 jun. 2020. Disponível em: https://www.cnbb.org.br/semana-do-meio-ambiente-dom-roque-paloschi/. Acesso em: 23 fev. 2024.

- Explique, com suas palavras, de que modo o trabalho de dom Roque Paloschi se relaciona ao cuidado com o meio ambiente.

Para conhecer mais sobre o trabalho de dom Roque Paloschi na proteção ao meio ambiente e aos direitos das comunidades indígenas, acesse o *QR Code*.

https://s.ftd.li/DomPaloschi

OUTROS OLHARES

Existem muitas lideranças indígenas que se manifestam publicamente para defender os povos indígenas de violentos ataques. Além disso, elas denunciam a devastação do meio ambiente promovida por grupos que desejam explorar seus territórios.

A entrevista a seguir foi feita com uma dessas lideranças. Davi Kopenawa é um líder do povo Yanomami, que vem sofrendo diversas violações de seus direitos nos últimos anos. Leia atentamente a entrevista e reflita sobre as ideias apresentadas por Davi.

ZH: O senhor fala dessa liberdade que vocês têm na floresta. Na década de 1970, teve aquela primeira invasão do garimpo que o senhor lutou e aí se tornou uma voz. Depois, a terra indígena foi reconhecida e esta homologação está completando 30 anos agora, mas o garimpo está de novo aí: de alguma forma eles estão impedindo a liberdade de vocês?

Davi Kopenawa: Sobre o garimpo a história é muito antiga. O garimpo começou, os homens sem terra começaram a busca de pedras preciosas nos Estados Unidos, os americanos que inventaram, que começaram a garimpar nos igarapés, nos rios, na procura das pedras preciosas. As pedras preciosas, ouro, diamante, areia, terra, elas são união, elas estão unidas para não desequilibrar nossa terra planeta. Os garimpeiros vieram andando por aqui, eles chegaram aqui, fizeram caminho, estrada. Os invasores não são só garimpeiros, também políticos, a colonização. Os garimpeiros que estão aí não têm terra. Quarenta mil garimpeiros que entraram sem consulta do povo originário, sem consultar a liderança que fala português, como Raoni Metuktire, Ailton Krenak, eu, nós já tava lutando contra outros invasores, os fazendeiros e arrozeiros que estavam desmatando, eu tava lutando contra garimpeiro. Eles entraram. Entrou primeiro na Perimetral Norte [BR 210, na região Norte], passou dentro da terra yanomami, mataram meu povo, mataram meu pai e minha mãe, e por isso que entrei na briga. [...]

ZH: Mas eles estão mais violentos agora do que em anos anteriores?

Davi Kopenawa: [...] Hoje é pior. São os mesmos garimpeiros que estavam lá garimpando em 1986 até 1991. Pra mim tava muito difícil, eu era sozinho junto com os parceiros não indígenas, mas conseguimos [homologar o território dos povos indígenas yanomami]. Em 2016, [os garimpeiros] entraram de novo e hoje tá pior: aumentou o número dos garimpeiros, pra mim é de 70 mil a 100 mil garimpeiros atuando. Uma pessoa que compra ouro, o dono do avião, o dono da loja, e estrangeiros que estão comprando, tão mandando dinheiro, dão apoio ao garimpo.

[...]

Arco: E o que é resistência pra vocês?

Davi Kopenawa: Resistência é a terra não morrer. Nós morreremos. A terra não tem fim, a terra não morre. Ela está sofrendo, mas não vai morrer. As árvores vão morrer, morrer queimado, morrer derrubado e morrer raspado. A terra não. A terra está sofrendo, mas é resistência. Então quando tem resistência, a terra está viva, e por isso os povos indígenas lutamos: resistência junto com a terra e a floresta.

[...]

Arco: Com as mudanças climáticas, há perigo de o céu cair novamente?

Davi Kopenawa: Sem índio, sem nós, sem *xapiri*, vai acontecer, esse é o meu sonho, o que eu aprendi com o grande pajé que já faleceu no território yanomami. Ele passou esse conhecimento pra mim e falou, 'você escreve e ensina pros não indígenas'. Não indígenas estão usando muito máquinas pesadas, cavando buraco, arrancando as pedras e com fábricas muito grandes, a fumaça tá venenosa, vai sair no ar, vai chegar lá em cima e se juntar com *xawara* grande e o peito do *hotomösi* fica enferrujado, fica doente. Eu falo sempre essa mensagem pra vocês: muito cuidado, eu acredito que sem índio, vai acontecer. Sem índio, não estamos protegidos. Eu e as lideranças da aldeia que estão fazendo o trabalho pra cuidar do nosso universo, pro universo não desequilibrar. Nós estamos lutando por isso. Pra nós é perigoso e é perigoso pra vocês. Como aconteceu antigamente, vai acontecer. Não é agora. Nós estamos vivos ainda: eu e *pata* estamos fazendo *xapiri*, estamos lutando para cuidar do nosso planeta, pra não acontecer como aconteceu antigamente.

**Xapiri*: espíritos da floresta que habitam as montanhas e que descem à terra por meio de chamados dos xamãs em rituais.

RESISTÊNCIA é a terra não morrer. **Revista Arco**, 8 nov. 2022. Disponível em: https://www.ufsm.br/midias/arco/resistencia-e-a-terra-nao-morrer. Acesso em: 23 fev. 2024.

RUBENS CHAVES/PULSAR IMAGENS

Garimpo na floresta Amazônica, Curralinho (PA), em 2022.

1. De que forma Kopenawa define a resistência dos povos indígenas?

____

____

2. A queda do céu é um elemento muito importante na cultura dos povos Yanomami. Para eles, a queda do céu representa o fim do mundo da maneira como conhecemos; por isso, os Yanomami trabalham com os *Xapiri* para evitar que isso aconteça. De acordo com Davi Kopenawa, qual é a relação entre a queda do céu e o extermínio dos povos indígenas?

____

____

3. Davi Kopenawa e outros líderes indígenas trabalham para divulgar as tradições de seus povos. De que forma esse trabalho pode ajudar a combater o preconceito relacionado às manifestações religiosas indígenas e a violência contra diversas comunidades indígenas que vivem no Brasil?

____

____

____

____

ALÉM DA IMAGEM

Durante séculos, a presença e a cultura indígenas foram vistas como um entrave ao atual modelo de progresso. Ultimamente, entretanto, muitos passaram a observar os conhecimentos tradicionais indígenas como uma referência para o que pode haver de mais ecossustentável, ou seja, relações não predatórias com o meio ambiente e, sim, relações de interdependência entre o ser humano e todas as formas de vida. Para nossos mais de 230 povos indígenas, não existe religião nem cultura sem a natureza.

Observe a imagem a seguir. Trata-se de uma vista de *drone* do Rio das Mortes. No lado esquerdo, há uma propriedade controlada por não indígenas e, no lado direito, a Terra Indígena São Marcos.

ANDRE DIB/PULSAR IMAGENS

Rio das Mortes, em Barra do Garças (MT), em 2022.

- Quais diferenças podem ser observadas na terra indígena e na propriedade controlada por não indígenas? Relacione sua resposta aos conhecimentos tradicionais indígenas.

TEIA DO CONHECIMENTO

Neste capítulo, você percebeu que as tradições religiosas precisam construir pontes com as outras dimensões que compõem a vida humana, como a política, a social, a econômica e a ecológica.

Para retomar essas relações e refletir sobre a importância das tradições religiosas em outras dimensões da vida, vamos produzir uma galeria de imagens que pode ser compartilhada nas redes sociais da escola.

Uma galeria de imagens deve apresentar um conjunto de imagens com temas relacionados. Sob a orientação do professor, monte um grupo e siga o roteiro proposto.

STOCKPHOTO-GRAF/SHUTTERSTOCK.COM

1. Selecionem cinco imagens que evidenciem a articulação entre as tradições religiosas e outras dimensões da vida. Um exemplo disso é uma fotografia de um grupo religioso em uma campanha para a proteção do meio ambiente.

2. Após selecionar as imagens, elabore legendas descritivas. Nelas, além de explicar a situação representada na fotografia, é necessário estabelecer relações com as questões trabalhadas no capítulo, evidenciando o impacto das tradições religiosas em outras dimensões da vida humana.

3. Para a montagem da galeria de imagens, é possível usar programas ou aplicativos de apresentação digital ou plataformas de redes sociais que utilizam imagens.

4. Por fim, com o trabalho pronto, compartilhe a galeria com os colegas e explique a seleção das imagens. Depois, com a supervisão do professor, socialize o material nas redes sociais da escola.

ESPAÇO DE...

TEATRO

O CUIDADO COM A VIDA

Durante a unidade, você teve contato com exemplos que registram a intolerância e o preconceito de fundo religioso, além de conhecer situações de exclusão, de segregação e que mostram como a incompreensão com as diferenças se mantém desde os tempos mais antigos.

Em grupos, vocês se prepararão para abordar esse assunto por meio de uma peça teatral. A turma deve estar toda reunida no projeto e vocês deverão ter uma única história para ser contada.

FOTOS: ROMAN SAMBORSKYI/SHUTTERSTOCK.COM

#ParaPensar

Qual é a importância de enfatizar a tolerância em uma situação-problema marcada por violência?

ETAPA 1 Roteiro

1. Dividam-se em quatro grupos. Cada um dos grupos deve pesquisar assuntos que se relacionem a situações de tolerância religiosa e possam servir de base para o roteiro. Se necessário, retomem os exemplos estudados na unidade.

2. Apresentem os materiais coletados para os demais grupos e, juntos, decidam o enredo. Lembrem-se de que o foco é demonstrar a importância da tolerância. Assim, mesmo que a situação-problema trate sobre casos de violência, a história deve caminhar para a resolução dos conflitos e enfatizar a importância da alteridade.

3. Decidam os personagens e os cenários em que a história se passa e detalhem as características de cada um deles.

4. Para o desenvolvimento da história, que deve ter começo, meio e fim, utilizem um documento compartilhado *on-line*. Assim, é possível fazer contribuições simultâneas, alterações e sugestões em comentários. Não se esqueçam de fazer as marcações de sequência das cenas, de entrada de personagens, das falas, das pausas e dos cenários.

5. Façam a revisão do texto e os ajustes necessários.

ETAPA 2 Definição de papéis e ensaio

6 Definam os papéis que cada integrante da turma vai exercer. É fundamental que todos tenham uma função no projeto, que pode ser dividido entre atuação, direção, figurinista, cenografia, sonoplastia, iluminação, divulgação e outras possibilidades a depender do roteiro.

7 Realizem a leitura dramatizada, aproveitando esse momento para fazer os últimos ajustes na história, nos personagens ou no cenário e no figurino, avaliando o que chega mais próximo ao objetivo do grupo.

8 Ensaiem a peça, de preferência, já com o figurino e o cenário planejados. Aproveitem para testar som e iluminação. Essa oportunidade é importante para que os atores decorem as falas, e o diretor, junto com o grupo, auxilie os colegas para aprimorar o resultado final.

JUPITER IMAGES/GETTY IMAGES

ETAPA 3 Apresentação

9 Depois de combinarem com os professores quando a peça será apresentada e qual espaço da escola vocês vão usar, preparem convites e cartazes de divulgação. Eles podem ser enviados por *e-mail* ou afixados nos espaços da escola.

10 Chegou o momento de apresentar a peça para os colegas e para os convidados. Lembrem-se de que a participação de todos será fundamental, e a colaboração coletiva fará a diferença para o sucesso.

MEGA PIXEL/SHUTTERSTOCK.COM

#ParaFechar

Em uma folha à parte, responda:

- Você considera que o roteiro representou o tema proposto?
- A mensagem final foi positiva? Explique sua opinião.
- A apresentação de vocês ajudará os estudantes a refletirem sobre os valores desenvolvidos na unidade?
- Você percebeu atitudes de alteridade entre os colegas durante a execução do projeto? Relate como foi.

O QUE APRENDI

Unindo todas as informações recebidas nesta unidade, você pôde construir uma teia de aprendizagens significativas ao longo do trajeto percorrido até aqui.

Relembre o que você aprendeu sobre os conceitos destacados e, em seguida, escreva frases que sintetizem seu aprendizado sobre eles.

a União.

b Preconceito.

c Alteridade.

d Cuidado com a vida.

ASSISTIR

O menino do pijama listrado, do diretor Mark Herman (2008). O filme mostra a questão da intolerância e do valor da alteridade. Bruno, um menino alemão de 9 anos, vive no contexto da Segunda Guerra Mundial e da ideologia nazista. Sozinho e sem amigos para brincar, o garoto avista um campo cercado, cheio de pessoas, como ele descrevia, usando pijamas listrados. É lá que ele conhece Shmuel, garoto judeu com o qual estabelece uma amizade que o leva à descoberta de uma dura realidade.

MIRAMAX FILMS